ILLUSIONS
OF MANAGEMENT
BETWEEN ROMANTICISM AND REALISM

管理的幻觉
沉醉于臆想中的现实

马浩 著

图书在版编目(CIP)数据

管理的幻觉:沉醉于臆想中的现实/马浩著.—北京:北京大学出版社,2016.6
ISBN 978-7-301-27195-7

Ⅰ.①管… Ⅱ.①马… Ⅲ.①管理学—通俗读物 Ⅳ.①C93-49

中国版本图书馆 CIP 数据核字(2016)第 122630 号

书　　　名	管理的幻觉:沉醉于臆想中的现实 GUANLI DE HUANJUE
著作责任者	马　浩　著
责任编辑	张　燕
标准书号	ISBN 978-7-301-27195-7
出版发行	北京大学出版社
地　　　址	北京市海淀区成府路 205 号　100871
网　　　址	http://www.pup.cn
电子信箱	em@pup.cn　　QQ:552063295
新浪微博	@北京大学出版社　@北京大学出版社经管图书
电　　　话	邮购部 62752015　发行部 62750672　编辑部 62752926
印　刷　者	北京中科印刷有限公司
经　销　者	新华书店
	730 毫米×1020 毫米　16 开本　14.75 印张　189 千字 2016 年 6 月第 1 版　2016 年 6 月第 1 次印刷
印　　　数	0001—5000 册
定　　　价	58.00 元

未经许可,不得以任何方式复制或抄袭本书之部分或全部内容。
版权所有,侵权必究
举报电话:010-62752024　电子信箱:fd@pup.pku.edu.cn
图书如有印装质量问题,请与出版部联系,电话:010-62756370

仅以此书纪念
我敬爱的岳父袁卿祥先生

前　言

现实不过是一种持续的幻觉。爱因斯坦如是说。此言背后的科学推断，我等科盲们自然是无从晓谕。然而，至少可以想象这样一种可能的解读：对于我们所生存的世界之本真，我们是无法真正理解的。我们自认为的所谓理解，不过是我们自己的一种幻觉。我们所持续地拥有并回溯到的这种幻觉，便是我们能够理解和确认的真实。

其实，这并不是爱因斯坦的一个简单孤立的言论。在其流传甚广的各类名言妙语中，充满了此类极为矛盾而又甚为有理的悖论：

> 如果一个想法在起初并不荒谬的话，那它根本没什么意思。
> 没有宗教的科学是蹩脚的。没有科学的宗教是盲目的。
> 用我们制造问题时的思路去解决问题是不可能的。
> 智力的真实表征是想象力而不是知识。
> 有两种生活方式：认为世上没有任何奇迹；认为凡事皆为奇迹。

如果我们斗胆进一步囫囵吞枣，那么对爱因斯坦著名的相对论最直白和世俗的理解，大概就是什么东西和事体都是相对的。真假共存，因果背反。前后如一，长短互鉴。也许，这正是其真谛。也许，这只是我们的误读，但这种误读却是真实而持续存在的。我们面对的现实是，世人中没几个爱因斯坦，大部分人都是科盲。也许，这就是绝大部分地球人脑海中的相对论，错误而真实地存在着。

管理的幻觉
沉醉于臆想中的现实

  然而，幻觉并不一定就是错觉、谬误和虚惘，虽然它很可能在终极的分析层次上的确是错误和荒谬的。我们所生存的真实世界，并不（仅仅）是量子力学所界定的物理世界。对于世人来说，无论如何，我们的幻觉也是一种真实存在，尤其是被广为信奉并大肆传播的某些集体幻觉。这种真实的存在，无论真假对错，真切地影响我们的意识和行为，可能进一步强化我们的某些幻觉，修正另外一些幻觉，或者催生新的幻觉。

  在管理实践和管理学的范畴，这种现象可能更加普遍和明显。我们可能欣喜地以为找到了管理的真谛，但最终发现不过是各种偶然要素的随机巧合。我们可能天真地以为靠自己的努力办成了大事儿，实际上不过是暗地里撞上了运气。我们可能自信地以为我们在创新，在做前无古人的创举，只是不知道别人早就尝试折腾过而无功归返。我们可能非常浪漫地以为领导力的特点主要在于高大上，但也许从来不会意识到领导力的阴暗面可能须臾不离。

  在某种意义上，我们都是井底之蛙。我们生活在我们自造的世界，徜徉在我们的幻觉中。这种幻觉，给我们带来智力上的安全感和行为上的参照系。各种复杂的刺激和幻觉相互交错之际，我们可能会产生困惑和焦虑，也可能会回归到我们的主导幻觉、核心幻觉或曰元幻觉——我们最熟悉也是最为信赖的那种幻觉和常识。即使这种幻觉所带来的结果不利于我们，我们也照样不离不弃，甘之如饴。

  这个世界上的许多事儿，连爱因斯坦们都掰饬不清楚。又有多少人能够真正把管理的道道说清楚呢？如此看来，各类管理大师们，不过是在怂恿众人去强化某种特定的幻觉而已。信不信由你喽！

马浩　谨识
于北京海淀马连洼寓所
2016 年 2 月 20 日

目录 CONTENTS

悖 常 识

常识的混沌 / 3

应试教育又何妨 / 5
互联网思维早有 / 9
什么叫产品暴利 / 13
靠谱的四项准则 / 17

知行的迷茫 / 21

所谓的高考逃兵 / 23
管理学广义分工 / 27
管理博士的使命 / 31
管理学人在朗润 / 35

管理的幻觉
沉醉于臆想中的现实

管理的幻觉 / 43

跟小米聊聊康柏 / 45

硅谷的人才购雇 / 49

企业如家的梦幻 / 53

幸福企业本末观 / 62

悯 创 新

创新的虚悯 / 77

药价暴涨是与非 / 79

在流通领域倒腾 / 83

激活创新的源头 / 87

以并购驱动创新 / 98

创业的魅惑 / 111

你以为你在创业 / 113

墙外创业亦精彩 / 117

众筹的集体犯傻 / 121

创业梦想与折腾 / 125

目 录

战略的困顿 / 131

微软还能买什么 / 133
谁说美国无国企 / 137
战略转型一致性 / 144
通道战略时序性 / 154

醉 浪 漫

商业模式翻跶 / 161

商业模式与战略 / 163
谷歌是弄广告的 / 167
快时尚之跨界行 / 171

领导力的浪漫 / 175

权力支撑领导力 / 177
领导力之张力场 / 181
孔雀开屏看背面 / 193

管理的幻觉
沉醉于臆想中的现实

理性奈何情感 / 205

情感理性皆有理 / 207
隐忍或成就功名 / 211
徜徉于有限理性 / 215

后记 "管理三部曲"回望 / 219

管理的幻觉
Illusions of Management

悖 常 识

常识（Common Sense），貌似清晰明确、备受公认，其实是一个很难界定的概念，模糊而不确定。按照其原意，常识应该是对某种事情经过长期的研究之后积累和提炼出来的相对比较靠谱的看法和见解，有技术含量，有专业支撑。比如电工常识、地理常识、野游常识等。教育和专业训练所要传播的正是这种常识。但对于没有受过教育和专业训练的人而言，这种常识便不是常识，而是"专业知识"。

常识的另外一种解读，就是大多数人所理解和信奉的知识。这种常识，可能是广为传播的专业知识，比如防火的基本常识。它也可能是祖传下来的道听途说或者直观信念。此类常识，在没有受到专业研究的考察和检验之前，无从判定其真伪，或者迄今为止，没有任何方法去检验其真伪。那么，这时的某些常识，实际上是以信条、戒律或者巫术的形式出现的。也许管用，也许更加有害。

还有一种可能性，就是某些常识的有效性是经过局部检验的，但其功效和机理却难以确定。这类常识在现实中应该非常普遍。在没有更加精准的替代常识出现之前，大家只能信它用它。而实际的后果，往往是毁誉难测，未尽如人意。通常情况下，这种常识本身往往过于直白简单，非黑即白，非此即彼，忽略了常识背后的悖论与张力以及必要的对度的拿捏。管理领域的很多常识便是属于此类的。

如此，所谓的"悖常识"，可以从两个方面解读：其一，就是管理决策的思维和行径有悖于专业的常识，那些基于实际检验证据的常识。其二，就是沉溺于后两种似是而非或者半生不熟的常识，那些更加类似于爱因斯坦所谓的"幻觉"的常识。

常识的混沌

在管理领域，许多常识本身可能就是混沌不清的。比如，20世纪70年代，大家倾向于认为市场份额可以带来高额利润。而后来研究表明，市场份额与利润率的关系是相关而不是因果，而且市场份额本身的界定也存在各种歧义。如此，诸多管理常识本身就是幻觉。本小节旨在剖析管理实践和日常生活中几个常见的常识方面的误区，从而激发大家去考察和挑战我们面对的各种常识背后潜在的误区和陷阱。

应试教育又何妨：大家可能普遍认为中国的应试教育阻碍创新。笔者的辩驳是，应试教育是全球各国教育的常态。缺乏创新，并不在于应试教育本身，而是在于考试的题目本身存在问题，创新还没有进入应试范围。

互联网思维早有：大家可能倾向于认为互联网思维全新暴强、来势迅猛，可以摧枯拉朽、改天换地。实际上美国邮政（USPS）在18世纪就拥抱了互联网思维和平台战略。新思维和老做法之间有着千丝万缕的联系和传承。

什么叫产品暴利：公众和媒体隔三岔五地要曝光这家暴利、那家暴利。仿佛某些商家挣了不该挣的钱。在公平竞争市场中的所谓暴利，其实乃是正常利润。否则没有高额利润激励，谁去创新？

靠谱的四项准则：大多数以创新为名的各类折腾其实不靠谱。回归事情的本源，按照顾客实际的需求行事，应该是企业经营万变不离其宗的基本功。本文简评靠谱产品所遵循的四项基本准则。

应试教育又何妨

中国人为啥缺乏创新？答曰：应试教育使得我们从小就缺乏创新的基因，扼杀了创新的天性和潜能。持这种说法的人，往往痛心疾首，摇头叹气；竭力愤世嫉俗，倾情悯人悲天。其实，这种说法很扯淡，不过随波逐流、人云亦云而已。之所以习惯于如此名状，大概是因为它时髦方便。说得极端一点，如果此类说法甚嚣尘上，夺人眼目，那么我们离创新不会更近，很可能是更远。这种说法本身，正是一种缺乏独立思考的表现。请问，天下的教育制度，哪国哪家，哪朝哪代，不是应试教育？

应试教育是普遍常态

所有集体的、有组织的社会活动，都会有一套特定的评价标准，用来衡量和检验组织的活动是否达到了组织的目标。而这种标准通常要具有某种稳定性、连续性以及可测量性。一旦相对明确的评价标准出现，组织成员自然会向评价标准靠拢，主动调整自己的言行表现，以期合规，或者更进一步说，希望成为该组织标准所界定的模范典型和标杆榜样。惟其如此，才能获得组织的认可和褒奖。

任何地方的教育都是社会性的制度安排，要符合某种集体的规范和制度的准则。惯常情况下，不合群的人，在任何有集体规范的地方都是要被扼杀和打压的，无论是天才还是笨蛋。因此，大而言之，所有的教育都是

管理的幻觉
沉醉于臆想中的现实

应试教育，只是考试的科目和方法不同而已。40 年前，如果你手上有茧子，是车间、田间的好把式，你就能够去上大学，当然，还有出身要地道。这不是没有考试，而是考试要比一比谁的茧子厚。"这，就是资格！"

在中国，死记硬背是功夫，大抵是因为考试的内容大多是靠死记硬背。死记硬背确实是功夫，无论是学校在读还是职场打拼，关键时刻，那些靠死记硬背得到知识的人，能够想得起、说得出、用得上，也能出人头地。更何况，死记硬背本身的功夫跟创新能力并不必然互为矛盾，而是属于两类不同的能力，甚至可以互补。否则，你连基本的东西都记不住，哪儿来的融会贯通，举一反三，继往开来，推陈出新？

在中国，需要经过严格的高考才能上一流的大学。高考考什么，大家就学什么。这有什么可非难的吗？难道你让中学生们随心所欲耍六年，然后高考时考些他们从来没学过的东西吗？如果我连个标准的考试都应付不了，成为创造性的人才的概率到底有多大呢？我的概率会高于那些能够从容应付标准考试的人群吗？如果说，我们现行的高考体系和考试内容没有鼓励创新，那么它同时大抵也没有扼杀创新，没有漏掉多少能够在未来进行创新的天才。

许多人认为美国的教育特别地鼓励创新，证据大概并不足以为信。笔者曾经在美国高校教书 20 年，亲眼目睹一代又一代的本科生，公立私立大学的都有，靠死记硬背课本知识，去应付多项选择题，从而得以过关，挣学分，拿学位。当然，你可以说美国教育从小就不压抑孩子的天性。你儿子在美国幼儿园信手涂鸦。老师鼓励说，太富有想象力了！这是全世界最棒的！高中毕业，你儿子很可能在麦当劳中规中矩地按照规程烤汉堡，或者在超市收银，一块钱之内的找零也得借助计算器。也许，强调扎实的基本功比臆想人人创新要更加实际。

在美国，你想上好大学，也得踏踏实实地应试。人家要 SAT（美国学术能力评估测试），你得考 SAT。人家要求课外活动、全面发展，你得玩儿命地去美容你的简历。你得踢球游泳，显得体育积极。你得拉小提琴弹钢琴，表明你很文艺。你得跟教导主任搞好关系，你们全家都得跟教导主任搞好关系，因为他最终决定是否向一流大学推荐你。哪一项不是考试？哪一点不是应试教育？要知道，进入美国最优秀研究生院的学生，是全球范围内各国应试教育中最顶尖的学生，除了专业学习优异之外，你还得先去考 TOEFL（托福）和 GRE（美国研究生入学考试）。没有哪个学校说"粪土当年 GPA！"

"应试"是所有组织活动中的铁律

广义而言，所有的组织成员都是应试者。所有的组织活动，都是类似"应试教育"的行为艺术。你有什么评价指标，我们就极力表现预期的行为。哪儿都一样。苏联计划经济时代按重量考察生产绩效，当时生产的机床注定要有一个很沉重的基座。支持美国共和党的选民反对堕胎，那些骨子里不反对堕胎的政客也要郑重表示"尊重生命"。如果印度医院按照放支架的个数评价医生的业绩，可放可不放的患者就都被放了。如果中国的市民婚后买房限购，那么很多夫妻就成群结队地到民政局申办各种名目的所谓"离婚"了。政策就是考试，对策就是应试，谁怕谁呀？在某种意义上说，解决问题，就是创新。

如果国王喜欢细腰，举国美女都要束腰。如果你们老板喜欢太极，很多人立马研究陈、杨、孙、吴、武，要能当面说出老板主要宗法的是哪个流派，怎样地吸收各家之长，如何地独特创新。当然，跑步、登山、书法、摄影，老板的喜好不同，考试的格调就不一样。人生中有诸多考试。应试，乃人之本能。关键是看考试的内容和出题者的品位和水准。诟病应

管理的幻觉
沉醉于臆想中的现实

试教育本身，无疑隔靴搔痒。

回到初始的问题。不要让应试教育为缺乏创新背了黑锅。常言道，"生存之必需乃创新之母"（"Necessity is the mother of innovation"）。我们还没被逼到那个份儿上。坑蒙拐骗都能赚钱，抄袭模仿就能发财，为什么要创新？无论是在学校还是在各类企业与组织，我们的考试题里"创新"二字还没到真正需要出场的时候。只恐怕到"创新"二字出现在考试题里的时候，应试教育又要被追捧为创新的助推器了。

话说回来，谁说我们不能创新？互联网金融，在美国没多少人认为是个事儿。在咱这儿，俨然创世纪！又是教主，又是元年的，日日皆创新，每天都颠覆。跟"大跃进"似的。这种创新还真不是靠死记硬背的受气包们所能折腾出来的。

（本文编辑修订版曾以"应试教育又何妨？"为题发表于《中欧商业评论》2014年第7期马浩专栏。）

互联网思维早有

据说我们的时代需要拥抱所谓崭新的互联网思维,其精神实质是平等、开放、参与、互动,当然还有用户体验、口碑效应、迭代演化、生态系统,如此等等。还据说平等开放的平台是互联网思维的重中之重。一时间,平台战略又时髦走俏、饱受推崇。

碰巧,最近读到一位纽约华人学者在中文商业媒体上抨击近来"巨额亏损"的美国邮政(USPS)之各类"国企病症"。笔者曾经旅美二十余年,对美国邮政服务之安全可靠与价格亲民印象深刻。为了澄清事实,特意花工夫研究了美国邮政的前世今生。不禁恍然大悟。夸张地说,美国邮政在18世纪便是互联网思维的践行者与平台战略的急先锋。不妨借此专栏为平台,跟各位看官掰饬一下平等与效率并重的美国邮政。

18世纪美国邮政的网络思维

由本杰明·富兰克林出任首任总督的美国邮政总署成立于1775年,比美国建国还要早一年。美国邮政并不是国企,因为它根本不是企业,而是根据宪法授权存在的美国联邦政府的一个独立部门。成立伊始,美国邮政便拥有普通信件(First Class Mail)邮递的垄断权。这保证了它有足够的规模以及与之俱来的收入去服务所有的美国人。如果完全由市场来提供邮政服务,商家肯定专注于盈利丰厚的邮路。那些偏远地区的用户则可能

管理的幻觉
沉醉于臆想中的现实

无人问津。通过政府垄断提供此类邮政服务，实际上是政府强制性地打造了一个全天候、全方位的网络系统。这个网络系统毫无例外地包含了美国所有的民众，无论你在比肩接踵的繁华都市还是人迹罕至的深山老林。你付同样的邮资，得到同样的服务。每个人都能平等地使用邮政服务，既可保证公民按照自己的意愿和喜好选择其生活方式和居住地点，又能使其与美国社会这个大网络中的任何人通过邮件联系沟通。平等，开放，参与，互动。现今的互联网精神，不过如此。

当然，如果没有足够大的规模效应，美国邮政的网络注定难以从经济层面持久支撑。2013年，其销售收入达到673亿美元，拥有近50万名员工和21万多辆车。美国邮政的35 000多个经营网点，多于麦当劳、星巴克和沃尔玛在美国店铺的总和。作为唯一有能力向美国所有私人和商业地址投递邮件的服务提供者，美国邮政每天（周日除外）向1.53亿个地址进行投递。最长的一条邮路位于俄克拉荷马州的某个乡村。邮递员每天驱车187.6英里，将邮件送到240个家庭的邮箱中，按时定点，风雨无阻。

两百多年来，美国邮政的收支每年基本平衡，而且还有五十多年收入大于支出的情形。2006年以来美国邮政连年赤字，并不是因为经营不善，而是国会法案强制要求它在10年之内为今后75年间将要雇用的员工提前预缴至少每年50亿美元的养老医疗保险。在如今实体邮件日益遭受电信方式替代、联邦快运等私人快递公司"撇脂"竞争的严峻形势下，无论有多少弊端，美国邮政仍然能够顽强生存，不拿纳税人一分钱，完全自负盈亏。何况人们根本就不应该预期它要去盈利。

毫不夸张地说，这项源自18世纪的顶层设计，先知先觉地采用了今天被奉为所谓互联网思维的"网络思维"，相对较好地兼顾了平等和效率。

互联网思维早有

值得信任的交易平台

一个国家经济的腾飞和人民的安居乐业,需要良好的基础设施和优质便捷的公共服务。甫自成立,美国邮政恰恰是提供了一项安全可靠、廉价高效的公共服务,一个值得信任的交易平台,于国计民生贡献殊甚。美国政府先后出台了两百多项联邦法案,以保证邮政业务的安全。在美国邮政这个平台上,人与人交往,组织与组织对接,公民与政府沟通,企业与顾客相连。用现在时髦的说法,双边,多边,平台效应竞相凸显。围绕着这个平台,生息着万千个目标繁杂、形态各异的生态系统。

早在19世纪末,乡村居民就已经可以通过邮购的方式购买城里人享用的商品。现在的网购,不过是当年的邮购在新技术手段下的翻版。无论你采用什么用户界面,货物的实际运送,最终还是要与邮递环节牵连。如今火爆异常的网飞(Netflix)最初就是靠美国邮政的渠道从事DVD租用业务起家的。当然,美国邮政自然也可以在自己的平台上开展其得天独厚的业务。作为政府的一部分,它可以受理代办公民护照申请。基于其良好的信用,它同样可以提供多种金融服务,比如汇票与汇款。美国邮政的平台亦可为竞争对手提供业务方便。以包裹和快递为主业的联邦快运和UPS等公司,也通过美国邮政的网络和渠道运营某些时效性不强的邮递业务。同样,美国邮政也会付费利用这些对手在空运方面的优势和专长。在邮递业竞争如火如荼之际,美国邮政这一平台依然实用可靠。

行文至此,不禁感叹,美国邮政虽然没有诞生在互联网时代,但它却比几乎所有的当代企业或机构都具有所谓的"互联网精神",而它一开始就名正言顺地践行赤裸裸的垄断。国中互联网时代的巨头大佬们满嘴平等、公开,貌似阳光透明,祥和圆融;实际仍是互掐、互绊,恨不得你死

管理的幻觉
沉醉于臆想中的现实

我活,通吃全赢。你堵我的出口,我断你的路径。诚然,商人逐利,天经地义,只是不要动不动就自欺欺人地将个互联网思维描绘得玫瑰样绚丽,百合般温馨。

竞争性的市场通常可能会更有效率。政府机构做事则主要应该关照平等。美国邮政,作为一个公共服务的提供者,乃是少有的平等与效率兼顾的典型。其网络思维与平台设计,在如今的互联网时代,仍然值得我们的企业和政府去思考和学习。

(本文编辑修订版曾以"十八世纪的互联网思维和平台战略"为题发表于《中欧商业评论》2014年第6期马浩专栏。)

什么叫产品暴利

曾经与一位执掌全球500强的央视年度财经人物共进晚宴，席间说起一个现象。该大佬说，搞不明白一个问题：国外的名品卖到中国，价格较高，倒是可以理解；国内某些东西，成本低廉，也卖那么贵，实在难以理解。推杯换盏之间，笔者无暇细思深究，随便搪塞了两句，不了了之。一曰市场供求与客户预期。二曰物品之间的比价关系。

后来仔细想想，笔者当时的直觉，也许不无道理。众所周知，在资本社会，劳动价值论不如市场供求论吃香，这是不争的事实。当理论遭遇现实，而二者不睦，倒霉的往往是理论，现实体现的则是所谓的硬道理。

大家经常抱怨中国的房价高。没错，确实高，但也看跟谁比。在北京某些区段，恨不得全球的有钱人都想染指涉足，不可能不贵；但比起纽约、东京、伦敦，仍有很大上涨空间。以海淀区为例，清华、北大、人大等名校，从附小、附中到本科、研究生、博士后，多少人盯着有限的空间和资源，住房不贵才怪了。巨大的需求压在那里。拿北京中心区的房价和美国卫星城的郊野小镇去比，没有任何意义。再怎么说，中国也是数十年7%—10%的GDP年增长率，即使是名义的增长也是由增发的钞票来表示的，能不体现在物价上吗？

君不见，即使在最发达的国家，一般的工薪阶层，甚至白领，也不是大城市中购房的主力。对于一般老百姓来讲，租房是一种常态，买房近乎

管理的幻觉
沉醉于臆想中的现实

奢侈。其实，在中国的大城市，即使房价下降一半，大部分工薪阶层仍是买不起房子。何苦为这些原本就不属于自己消费范畴的事物大动肝火。也许，很多人应该庆幸，正是有了房产作为投资手段，给有钱人提供了投资的对象，才给许多普通人带来了就业机会，同时拉动了总体的经济成长。如果没有这些出路，有钱人比着在一般日用消费品领域内打转儿，恐怕老百姓连肉都更加吃不起。

为什么呢？因为市场是相连的，物品间的比价自然起作用。房价上涨，只是表象之一，与之相伴的是原材料、建筑施工、房屋销售、装饰装修、家具和家居用品等多种配套业务的增长。而这些行业的增长所带来的收入增加必定影响其他日用消费品的价格增长。这是一连串的事情。如果本该投资的钱直接冲到消费品市场，谁受得了？

除了房价，如今大家经常抱怨的就是看病贵。这事儿也还是要从比价和供求说起。看病确实贵。但我们通常不会去想，现如今我们的生命本身值多少钱。你每天消耗的资源、维持生计的成本、自我感觉的价值，都在迅猛提高。从比价的角度，医疗服务、保命求生的服务，根本不会便宜，也不应该便宜。你可能信誓旦旦地宣称，生命无价，人人平等。对不起，医院可不这么认为。

在公平竞争的领域里，产品价格贵自然意味着有实际的需求、较高的需求，无论国产还是进口。最近，国内媒体不断曝光指摘国外品牌的所谓暴利，从苹果、三星到最近聚焦的星巴克。这实在是有些不着边际。这些产品都是充分竞争领域的产品，没有任何人强迫消费者购买。而购买者多是主动自愿上赶着去送钱，甚至抢购。不假思索的无端臆想以及随波逐流的人云亦云，包括某些曾有旅居国外经验人士的粗识浅见，更是于事无补，混淆视听。

比如说，国人可能以为，星巴克或者哈根达斯在美国也不过是普通产

什么叫产品暴利

品,只是跑到中国才打奢侈牌,牟取暴利。殊不知,星巴克在美国也只是上中产阶级才能时常享用的。星巴克一杯卡布奇诺要4—5美元,麦当劳或者其他地方的咖啡也只是1—2美元。在超大城市居住的城里人,比如纽约客,本身就是上中产阶级,去星巴克也许是家常便饭,乃生活中自然的一部分。而一般城市中的老百姓,甚至可能认为喝星巴克是不道德的或者简直就是犯罪,不值呀。

再说哈根达斯,在美国、英国、法国等地都是高端品牌,而不是一般消费品,其价格要比同类产品高出数倍。某些人会立马指出,星巴克与哈根达斯在中国的绝对价格也比在美国卖得贵。没错,作为老牌发达国家的美国,用在食品上的支出在人均收入中的占比,不会像在发展中国家那么高。何况,在中国享用这些产品的主力消费群,断然不会因吃了对于一般人貌似奢侈暴利的洋货就倾家荡产,也根本不会觉得不值。这些人比美国的中产阶级更有购买力。

不妨看一下各类网站上中国网民对全球知名品牌的评价。说到奔驰宝马,大部分评价的人根本就不是车主,无端倾情褒贬,肆意大放厥词。谈及日本车,基本上大家直接开骂:不开日本车难道你会死吗?有兴趣者不妨考证一下,在卢沟桥抗战纪念馆举行的庆祝抗日战争胜利60周年的庆典上,军方人士开去的座驾是不是平日里常用的丰田陆地巡洋舰或者三菱帕杰罗?摄影师们驾着的"长枪短炮"到底是佳能、尼康、莱卡、蔡斯,还是海鸥、凤凰?

某位经济学家发明了全球麦当劳巨无霸指数。这更不靠谱,完全是西方国家标准。马兰拉面在中国只要几块钱,在瑞士中餐馆一碗拉面要你10欧元,可比吗?中国没多少人经常性地吃洋快餐、喝咖啡,无论是谈品位还是耍情调。这些人主动引颈受宰你应该幸灾乐祸才对。恭喜你,你的马兰拉面少了一个与你竞价的客户。

管理的幻觉
沉醉于臆想中的现实

吐槽谁都会，基本过嘴瘾。大部分吐槽者根本不是你的客户，无须分神烦心。市场是细分的，你只需要找到你的目标客户群体。东西好不好，贵不贵，值不值，谁买谁知道，掏钱最重要，无须一众不相干的人聒噪。商家要做的是，不畏浮云遮望眼，敢向信众觅知音。回到开篇大佬的疑问，其实我们真正需要看到的恰恰是国产的东西比洋货更暴利！那时候，中国企业真长脸了。我们期盼着。

（2013 年 10 月 22 日）

靠谱的四项准则

在阿姆斯特丹度假一周，回北京的飞机上梳理一些近期的感悟。无论是产品、服务还是体验，世界上那些比较靠谱的东西大抵有些共性，似乎有意无意地遵循了某种靠谱的理念和准则。管中窥豹，一叶知秋，在下希望能从个案感悟中提炼出某种准则体系，以之求教大方。不妨就将此体系称为"靠谱"（SURE）：简单性（Simplicity）、适用性（Usefulness）、稳健性（Robustness）和情感性（Emotionality）。

简单性，体现在简便易用、直观直白，因此可以减少顾客使用时的困惑和焦虑；实用性，说的是精准有效地提供所需要的功能，该达到什么效果，就达到什么效果；稳健性，意味着无论是什么样的使用群体和时空组合，所设计的功能效果都能够得以顺利实现，稳定一致、屡试不爽；情感性，则指的是目标使用者所感受到的情感价值和精神满足，有情趣，有腔调，有温度，有味道，富于审美体验。

音乐厅的音响盛宴

谈及古典音乐，维也纳金色大厅大概在国人心目中最为知名；其实，在铁杆儿爱乐者眼里，阿姆斯特丹皇家音乐厅同样拔尖儿出众；还有著名的波士顿交响乐厅。这几家世界顶级的音乐厅拥有一个惊人的共性，那就是演奏大厅本身都采用极为简单的设计风格，即所谓的"鞋盒型"。

管理的幻觉
沉醉于臆想中的现实

没有奇形怪状的装饰与摆布，也没有花里胡哨的各种吊板或意在增进音效的设备和装置。这种简洁的设计所导致的效果，则是声音的温润明亮，尤其适用于古典音乐的演奏和欣赏。而且，整个空间的"死点"较少，无论观众坐在任何席位，所听到的乐队混响都不会太差或者变异太大，音效稳健如一。

迄今为止，这种简约设计所带来的音效仍然未被各种所谓创新性的音乐厅设计所超越。对于那些痴迷的爱乐者而言，这些音响天堂无疑承载了他们的情感寄托，给他们带来经年往复的审美体验以及精神和情感方面的满足。每一次到访，都是一次听觉的盛宴和音乐的朝圣。

空客380的大而无当

往返北京和阿姆斯特丹，乘坐的都是空客380超大型机。如果你坐的是头等舱或者公务舱，恭喜你，你的空间是令人羡慕的，也可以优雅从容地享受定制的美食餐饮。超豪华头等舱甚至可以有套间和双人床，可以洗澡冲淋浴。

不过，也不要高兴得太早。全飞机500号人呢，如果你取行李时等上个半拉钟头，也不算稀罕事儿。虽然你的行李可能贴的牌子是优先级，可行李搬运工按照他们的偏好运行，还真不一定认你的优先级。飞机大，停得比较偏远，人多行李多，怎么着也得拉一阵子。

如果你像在下一样坐的是经济舱，则位子不一定比其他型号飞机上的座位大，还很可能更挤。上下飞机耗时、餐饮服务耗时、空乘人员喊累，整个过程已经达到规模不经济。

如果整个航班都是头等舱或者公务舱倒可理解，然而，把超大量不同层次的乘客强行放在一起，会影响所有人的体验。很难想象，如果你买一辆奥迪 Q7，前边两个座位宽大舒适，后边又局促地塞了 3 排 9 个座，则不知道你买的到底是豪华越野车还是大个儿的面的。

世间之事不靠谱者十之八九

其实，世间不靠谱的事儿远远多于靠谱的事儿。讲究的少，将就的多，通常大家只是凑合。阿姆斯特丹皇家音乐厅的二楼拔地很高，但厢房的楼梯，左右宽阔、进深厚大、梯度低矮，可以使六七十岁的老人从容地在四方形空间拾级而上、缓缓绕行。不用电梯，照样轻松运转一百余年。厅内的台阶亦是舒缓从容。

反观最近诸多新建的音乐厅，厅内楼梯陡峭高耸，不由得让你胆战心惊。他们的准则好像是唯恐你从容自在。偌大的公共场所，厅外闲置空间无限，而洗手间小到一次只能容纳三五个人。升降电梯亦是如此。仿佛就怕方便了你！

相对靠谱也是极好的

简单、适用、稳健、情感。能够满足其中一个维度就很不容易了。能够同时满足两个以上就已经非常靠谱了。像皇家音乐厅之类，四项皆可满足的，已然是奢侈品中的上品。如果我们仔细观察，其实身边很多相对靠谱的事物，还是可以带来很多启发和思考的。

比如，苹果的 iPod 和 iPhone 上主屏键的设计，便是简单性的典范。不仅便捷易用，而且给人一种"一定能实现所需目标"的确定感。自打 PC 时代，苹果的 Mac 便给用户带来人际交流的愉悦和亲近感。

在如今的微信时代，一个当年 2G 时代的服务应用仍然在某些细分市

管理的幻觉
沉醉于臆想中的现实

场上盛行不衰,那就是网上银行和移动支付所依赖的短信密码和提醒,非常简单实用、精准有效,而且安全可靠。"成功完成支付"的提示更是给大家带来"轻松搞定一切"的良好体验。

再看AK47突击步枪,据称是世界上最受欢迎的武器。结构简单,易于操作,皮实耐用,在有效射程内非常实用。难怪,AK47几乎是所有士兵们的最爱。AK47在一个地区的交易价格往往被用来衡量该地区的和平指数,越贵越乱。

当然,如果你不爱武装爱红妆,也没有关系,可以拿起美颜相机,要要自拍,简单方便,老少咸宜。除非你长得故意要和大家过不去,通常你都会被"美"一些,至少在你自己心目中颜值爆棚,信心满满,比去整容合算多了。

孩子们也有自己喜爱的玩意儿:一块泡泡糖,塞到嘴里,嚼了,吹个大泡泡,大家比赛一下,旁人夸赞一番,也很得意。

如果不以专业吐槽为己任,而是更多地欣赏那些比较靠谱的事儿和物件儿,世界其实是很有色彩的。不是吗?

(本文编辑修订版曾以"SURE:靠谱的准则"为题发表于《中欧商业评论》2015年第8期马浩专栏。)

知行的迷茫

知行合一通常被奉为人类社会活动的最高境界。知识的学习和获取以及在行动中的应用和引领可以提高社会实践的效率和有效性。然而，如果知识本身不靠谱，那么应用和引领便无从谈起。如果管理学领域内相对靠谱的专业知识不能得到管理实践者的认可赏识和传播应用，仍然无济于事。本小节着重探讨管理知识的创造和传播、管理人才和管理学人才的培养，以及大家对教育体系功能的一些常识性的错判。

所谓的高考逃兵：大学不仅是人才培养的园地，也是人才选拔的机制。优质教育是稀缺资源，主要用于选拔和培养社会精英人才。只为逃避国内严格的选拔而盲目出国留学，也许并非明智之举。

管理学广义分工：管理学知识的产生和传播，有赖于杰出管理实践者、研究性大学相关系科、咨询公司、培训机构和媒体行业的专业分工与协作。

管理博士的使命：管理博士不只是一个头衔，或者升级版的 MBA/EMBA。博士，主要是一种资质，能够独立进行学术研究的资质。本文介绍管理学博士的种类和相关特征。

管理学人在朗润：北京大学国家发展研究院（原中国经济研究中心）和 BiMBA 商学院是中国管理教育领域的先锋和表率。本文评介管理学相关领域在国家发展研究院的历史沿革和前景。

所谓的高考逃兵

"这个世界上永远没有任何东西足够地多以至于能够充分满足所有人对它的需求。"著名学者汤玛斯·索维尔如是说。教育资源，亦是如此。在任何社会和时期，教育资源，尤其是高端教育资源，或曰精英教育资源，都是极为稀缺的。在某些大城市，学区房的单价已经在每平方米10万元左右，或者数倍于一个城市房市的均价。学校的好坏，某个特定教育资源的稀缺程度，看该学区的房价就可以了。毋庸置疑，无须辩驳。

但学区房主要还是针对按区划片就学的义务教育，顶多是给孩子打好小学和中学的底子，即所谓的不输在起跑线上。接下来问题又来了。高考怎么办？那可是硬碰硬的考试。当然，你仍然可以想尽各种办法把孩子塞进所谓的重点中学，甚至那些全国著名的升学率奇高的中学，比如，北京人大附中、河北衡水中学、湖北黄冈中学、河南郑州外国语学校等。

好学生到底是选拔出来的还是调教出来的？

上重点高中，这就不仅仅是学区房的问题了，也不仅仅是钱和"关系"与"路子"本身自然能够解决的问题。首先，孺子应可教。你的孩子得基本上是那块料。否则，人家再好的学校铆劲儿也不能把你孩子弄进三本，这不是砸人家的牌子吗？！这种赔本的买卖，那些著名中学们是不会去干的。即使是在合理合法（或者打政策擦边球）的前提下对外招收

管理的幻觉
沉醉于臆想中的现实

的高价班级里,人家也不会弄些资质不够的考生进去。其前提是,学生得有足够好的资质和潜力,具有按照常规经验判断可以考上一本的实力。当然,个别关系特别硬的家庭除外。

据报道,今年衡水中学通过各种渠道进入清华、北大的学生总共119人。毕竟,这些学生是通过衡水中学这个途径考上或者被推荐进入这两所著名高校的,因此我们无须怀疑衡水中学的教育水准,它肯定是优秀的,至少是不输于竞争对手的。但一个替代性的解释仍然可能挥之不去。那就是,如果你把衡水中学的这些考上清华和北大的孩子分散到其他学校(那些说得过去的或者足够好的学校),他们大概照样能够考上清华、北大或者其他理想的大学。衡水中学只是先为著名高校筛选了一下人才,为他们进行了初次选拔与把关。也就是说,重点中学本身也是一种选拔机制。

大学更是一种选拔机制

大学更是一种选拔机制。通常情况下,它选拔出来的人才,是具有潜在学习能力的学生、智商比较高的人才。在20世纪80年代,大学的录取率在3%至5%,能够上大学甚至上大专和中专的学生,都是精英人才。后来大学扩招,实际上,也只有老牌的重点大学,包括985和211级别的重点大学,才会一如既往地具有含金量。很多所谓的本科,其教育水准可能还不如以往的中专或者电视大学,既没有学术含量,也没有职业专长。学生毕业之后找不到工作,也在意料之中。对于这些大学生而言,与其在一个三线城市的三流大学煞有介事地学习"国际金融"等八竿子打不着的专业,还不如去蓝翔技校学习一门可以糊口的手艺和技能。

大城市的考生,处境也同样尴尬。在北京,高中应届考生中被大学录取的比例是80%以上。除非你根本不想上大学而故意考砸，基本上是只要你能喘气儿你就能上大学。如此，大学的选拔功能基本上荡然无存。教育资源不再稀缺。同理推论，这种非稀缺资源下调教出来的学生成为稀缺资源和精英人才的几率，亦是微乎其微。大家总爱以高分低能为借口调侃那些重视学习的学校和学生。殊不知，高分高能的现象远比高分低能常见。而低分高能的现象则是至为罕见。经过系统选拔的人员，其成才率自然要高出未经选拔而单打独斗、自学成才的人员。

不要轻易充当高考逃兵

在大学里，至少在那些比较职业化或者相对市场化的学院和专业里（比如商学院的市场营销专业）或者研究生院的某些高层次专业项目中（比如计算机工程专业），大学及其研究生院更是为雇主提前进行了一次筛选。雇主根本不需要四处海选，只需去某些著名高校据点蹲坑把位、伺机撒网捕鱼即可。可以说，对于高层次精英人才的选拔和培养而言，大学的人才筛选机制近期内无可替代。别无他途。

现如今，很多富裕家庭动辄抱怨中国教育死板或者竞争激烈，一心要让孩子走国外留学的捷径。除非你上的是普林斯顿、加州理工这样的国际名牌，毕业后可以全球游走。否则，许多出国留学者非常可能面临这样一种尴尬境地：既没有受到一流的国外教育，也丢失了国内的人脉、感觉和见识。到国外二、三流大学混上几年，英文和专业课都没好到哪儿去，在当地也留不下来、融不进去。回到国内，自认为是留学生，还要弥漫一些优越感。实战比不上蓝翔，实力比不上985、211高校的毕业生。各个公司的人力资源部门一看你的简历，马上就知道你是高考逃兵。PASS！

无疑，在国内很多地方，高考是残酷的，竞争很激烈。你可能以为把

管理的幻觉
沉醉于臆想中的现实

孩子送到国外，可以少受折磨，让他（她）心灵更自由，发展更从容。这些都不过是良好的意愿或者不着边际的臆想。现如今有实力供养孩子在国外读书的多了。通过中介出去留学，买到的普通的国外文凭，无论在国外还是国内，都不算是什么稀缺资源。

一个中国学生，没有参加过中国高考，其人生是不完整的。你逃避了一次选拔。你回来就业，最终还是要再被选拔的，而且是要跟已经被中国高考选拔过的人去竞争。更残酷哇！

（本文编辑修订版曾以"应试教育又何妨？"为题发表于《中欧商业评论》2015年第10期马浩专栏。）

管理学广义分工

管理学作为一门学科，在全球范围内不过是最近一百年左右的事情，在中国也就是最近三十年的光景。管理学知识的创建和传播，有赖于多种参与者的共同努力，包括他们之间的相互借鉴与交叉融合。这些参与者包括管理人员、大学教授、咨询公司、培训机构以及新闻媒体等。本文旨在阐释这些不同类型参与者的角色定位及其在管理学知识创建与传播过程中的贡献（如表1所示）。

表1 管理学知识创建与传播过程中主要参与者的角色特点

管理人员：实践、总结、学习、应用
大学教授：研究、传授、育才、顾问
咨询公司：发现、指导、解决、正名
培训机构：灌输、兜售、表演、激发
新闻媒体：观察、报道、传播、督促

管理人员

可以说，多数社会科学的所谓理论都是滞后于实践的，是对某些既有现象与问题的发现捕捉、归纳梳理、反思总结、抽象提升，属于某种回溯性的理性再造、逻辑重建。管理学也不例外。

最早的管理学理论贡献，正是来自管理实践和职业管理者。管理学先

管理的幻觉
沉醉于臆想中的现实

驱亨利·法约尔曾经是矿业工程师、职业经理人。他在退休之后总结出来的计划、组织、指挥、协调、控制等五大管理职能，影响了西方大学管理学基础课程长达一个世纪。此类贡献者的主要任务是实践与总结。

而在管理学知识的传播过程中，他们的主要角色则是学习和应用：学习前人的经验，研读科学社区的成果，参加培训，使用咨询服务，关注商业媒体动向等。比尔·盖茨曾经坦言，对他影响巨大的一本书便是斯隆在1963年写的《我在通用汽车的岁月》。通过研读历史、对标学习、更新知识，管理者可以推动最佳实践的传播与应用。

大学教授

通过严谨系统的科学研究所创建的管理学知识，那些基于科学方法论并通过同行双向匿名评审的研究成果，是学院派的立身之本。学院派的重大挑战是如何准确、及时、广泛地将自己的知识以易于管理者接受的方式传授给他们。营销4P理论、五力模型、核心竞争力等理论，堪称学术研究影响管理实践的典范。

大学管理学教育的另外一大职能是育才。教授可以将管理学知识和相应的研究与实践技能通过系统授课以及相应的方式传授给学生。而这些学生，则可能是未来的管理者、研究者、咨询公司顾问、培训机构人员、媒体从业者等。他们是未来的管理学知识的创建者和传播者。通过参与在岗经理人培训或者任职企业的管理顾问等渠道，管理学者不仅可以比较有针对性地传播管理学知识，还可以直接获取科学研究与新知创建的素材与灵感。

咨询公司

咨询公司，既是管理学知识的创造者，也是其应用者和传播者。他们的知识创建和积累，可以来自自己的系统研究，也可以来自为客户提供咨询服务过程中的发现和提炼，还可以来自与大学教授的合作。他们的知识传播，体现在为客户提供咨询服务过程中的应用与推广，也可以体现在他们公开出版的专著或者发表的文章。

典型案例包括麦肯锡与通用电气合作推出的GE-麦肯锡矩阵、波士顿咨询公司提出的资产组合矩阵及其发现的经验曲线效应等。相比大学教授的基础性研究，咨询公司的研究往往更加倾向于实用，有益于为客户提供指导建议，为客户的具体问题提供实际的解决方案。

不仅如此，咨询公司还非常注重其专业性，专注于具体的行业、职能、问题和现象，将自己的知识储备进行系统的分类，从而能够有的放矢地发挥和应用自己的专长。当然，咨询公司的另外一项重要职能，是为客户的管理层提供行动的外部权威借口以及必要的合法性。

培训机构

培训运作，可以是大学机构的附属单元，也可以是咨询公司的副业，还可以是企业内部的职能。这里，我们主要把眼光聚焦在纯粹的商业性培训机构。它们的使命是将某些管理学知识大规模地、迅速地传输给既定的受众。此类机构的主要任务是知识的传播，而不是知识的创建，甚至不需要任何创建，只是购买独家代理权，向受众灌输和兜售别人开发的标准内容，比如"高效能人士的7个习惯"。

管理的幻觉
沉醉于臆想中的现实

可以想见，此时从业者的主要职能应该说是表演，通过生动形象的表演，将预设好的信息有效地传输给受众群体。当然，一个更高层次的境界是对受众有所感染和激发，使他们在接受灌输和兜售的同时有所触动和启示，自觉地接受和应用所传输的知识，甚至能够触类旁通或者引发进一步的思考和学习。

新闻媒体

新闻媒体，也是管理学知识创建与传播过程中不可或缺的参与者。他们的主要职能是观察、报道、传播、督促。记者型的人才往往嗅觉敏锐，感受鲜活，习惯性地试图捕捉各类领域的前沿和趋势。他们追逐采访风口浪尖上的管理实践者，定期探寻科研社区的领军人物和学术新星，适时了解咨询公司和培训机构的最新作为。

通过相应的报道，媒体将这些人士和机构的动态及其管理学知识的创建传播给更加广阔的受众群体，同时也增进这些人士之间的相互了解。媒体的报道与传播，对这些相关的人士和机构同时也构成一种督促和提醒，使研究者更加有意识地关注现实问题，使管理实践者更加关注最佳管理实践以及最新的管理学研究成果，使咨询公司和培训机构更好地把握大的趋势及其演变，从而提供更加精准的服务。

（2013年11月18日）

管理博士的使命

什么是管理博士？

管理博士：

管理博士乃是以企业经营管理为主要研究对象的博士级别的学位，是该领域的终极学位（Terminal Degree）。根据研究问题以及研究贡献的不同侧重，管理博士大致可以分为学术性研究学位（Ph. D.）和应用性研究学位（DPS），以及或许二者兼顾的工商管理博士（DBA）学位。

哲学博士：

全球范围内，学术性研究的博士，通常被习惯性地统称为"哲学博士"（Doctor of Philosophy，简称 Ph. D.）。管理学院（商学院）的学术博士，可以按照不同的专业领域进行细分，比如金融学博士（Ph. D. in Finance）或者营销学博士（Ph. D. in Marketing）等。

专业博士：

在美英等西方国家，也会授予一种"专业研究博士学位"（Doctor of Professional Studies，简称 DPS）。DPS 主要针对在各个专业领域有卓越成就的职业人士，强调实践知识方面的原创性贡献。在工商管理领域，DPS 与下述应用型的 DBA 是等同一样的。

管理的幻觉
沉醉于臆想中的现实

工商管理博士：

国外的某些管理学院，也授予"工商管理博士学位"（Doctor of Business Administration，简称 DBA）。在某些学校，DBA 跟 Ph. D. 是完全同样的要求，只不过称谓不同。在另外一些学校，DBA 则主要注重应用型的研究和管理实践性知识的贡献。

为什么要读管理博士？

求知承诺：

无论是 Ph. D. 还是 DPS，或者是 DBA，博士学位都代表着一个学科领域的最高学位。这种学位的获取，不仅需要良好的学术准备，而且需要系统的研习以及原创性的研究贡献。获取博士学位，是对自己不断求知和终生学习的终极承诺。

资质证明：

博士学位，也是一种必要的资质。它向世人昭示了你的学术承诺和相应的学术训练与研究能力，意味着你拥有在本学科进行研究、教学和咨询的基本从业资质。对于有志于在未来从事管理教育和相关服务的成功职业人士而言，管理博士是一个必备的资质证明。

专业自信：

你有机会全面系统地总结和梳理你的从业经历、经验感悟、成功的秘诀和失败的根源，近距离接触所选领域的经典与前沿的研究、重要的方法论，以及学科发展的历史传承，这将会大大增强你的学术自信和专业底气。

知识贡献：

管理博士的学习，不仅是知识的吸收，更是知识的创造。你的博士论文必须在某一个具体的研究问题上做出原创性的贡献，使你成为这个问题上全球最有资格发言的专家，在文献中留下你立言的名分。你的贡献将对同行的管理实践具有重要的启发和借鉴意义。

什么人比较适合读管理博士？

如下人士适合攻读管理博士学位：

喜好读书，热爱学习，有终生学习的意向。

有足够长期丰厚的管理经验或者较高的专业成就。

有良好的学术准备（硕士学位）和相应的学习能力，尤其是独立思考的能力。

有意愿和能力去做原创性的思考和研究，能够结合自身的实践和经验去创造新的知识。

希望通过系统的学习来解决自己的一些长期的困惑并将自己的感悟与同好者分享。

有志于从事管理教学和培训等相关的知识传授活动，帮助传播管理学知识和经验。

在繁忙的工作之余，有足够的时间保证（前两年）正常修课和（后两年）专心做论文。

什么人不太适合读管理博士？

管理博士不是后 EMBA 项目，也不是 EMBA 加强版，而是一个货真价实的博士学位。博士学位不只是一个头衔，而且是一个学习过程。因

管理的幻觉
沉醉于臆想中的现实

此，对此学习过程本身不感兴趣或者没有能力参与的人士不适合管理博士项目。具体而言，管理博士不适合如下人士：

对于知识学习和研究本身不感兴趣者。

缺乏足够的学习能力和学业准备。比如，不具备哪怕是最为基本的英文阅读能力。

缺乏基本的沟通能力，无法有效地进行思想交流。

只愿意接受知识，不愿意或者没有能力创造知识。只消费，不贡献。

愿意学习，但缺乏基本的管理经验和专业历练。

不切实际地希望通过管理博士的学习去直接解决某些项目实操方面的问题。

没有足够的时间保证对学习和研究的承诺。

（2015年10月21日）

管理学人在朗润

岁在甲午，时值暮春。高朋满座，盛友如云。卓然大气的朗润园，沈静深沉间裹挟着欣悦祥和。这里正在见证中国经济研究中心（CCER）——现在的国家发展研究院（NSD）——20周年华诞。弱冠之年的CCER/NSD，青春意气，浩然勃发，对于以朗润园为学术家园的人，这自然是一个喜庆的季节。

一个机构在经历其重大里程碑事件之际，个中人等往往会刻意地稍事小结，回味过去，展望未来，算是给自己以及与自己有瓜葛的人们一个交代。此时，出来发言表态的无外乎几类人士。

其一，是那些有头有脸的，组织的大脑喉舌脸面胸脯，他们必须出声。否则，没有头排的戏份儿，会显得不够足实地道。

其二，是那些德高望重的前辈抑或永远可爱的老活宝们，可以如数家珍地抖搂些若干年前的逸事典故，平添一抹历史的久远厚重。

其三，就是新来的人，要诚恳地表白一下自己对"足实地道"和"久远厚重"是如何一如既往地情有独钟，并誓言要让地道更加地道，厚重愈发厚重。

我于2004年正式加入这个组织的时候，中国经济研究中心正在庆祝她的第一个10年。那年，作为一个新入朗润园的人，我也主动地诚恳和誓言了一番。不觉间，自己在朗润园行走厮混，已逾10年。无论怎么拉扯，也不属于上述三种人。然而，庆典之年，心绪虽不动如波涛，肯定也

管理的幻觉
沉醉于臆想中的现实

不静若止水，涟漪还是要荡漾几许的。

更何况，这个院子里有头有脸的大佬们并不怎么张扬，老活宝们也都还自觉年轻，仍然在兴致勃勃地用现在进行时制造着逸事典故，无暇于无所事事地倚老卖老。我虽然是一个上下不靠的中年老"战士"，但自CCER时代就已入伙，将来也算是荣休干部。不免要再上阵唠叨一番，虽年轻而卖老。好在10年才一次。

对经济学的剩余好感

让我从老前辈们说起。中心所有人中我最早亲自见识过的，大概是现在已经退休了的陈平，他是中心第一个也是迄今为止唯一的退休教授。由此可以看出中心的年轻以及陈平兄的资深。我1989年秋天到得克萨斯大学商学院读战略管理学博士时，出于对经济学的剩余好感，偶尔听过一次当时物理系的陈平组织一帮学理工的人搞的经济学读书会。

回望那火红的20世纪80年代，醉心捧读《世界经济导报》的年轻人们，无论当时在哪儿读书，学的什么专业，可以说对经济学都有着一种不可抑制的好感。那是改革的学问，是与时俱进的象征。本科毕业，想追随厉先生读研，未遂。再后来，赴美入道管理学，经济学自然就被剩余了。

厉老师曾经倡导非均衡经济分析，陈平好像也讲非均衡，但二者的意思可以说有切线无交集。陈平的导师是得克萨斯大学总共一个半诺贝尔奖得主中的半个，每年在美国工作半年的普利高津。经济动力、耗散结构什么的，我也听不懂。总之，国内理解的经济学和美国主流的经济学是两码事儿。即使是我们当时觉得已经很时髦的科尔奈在哈佛也远非主流正宗。学战略管理的，其实就只认一个经济学家，那就是讲企业家精神和创新的熊彼特。陈平热衷的经济学，无论是跟中国的主流还是跟美国的主流，貌似都不搭界。类似的神人，朗润园里不鲜一见。

由于专业的缘故，我曾试图到得克萨斯大学经济系选修一门产业组织课程。一看大纲，全是博弈论的玩意儿。于是立马歇菜，决计不与之谋。学管理的人，据说数数都费劲，哪能弄懂"你知道我知道你知道这件事儿"这件事儿。搞不清现在的经济学到底是数学应用还是应用数学。于是，老老实实把自己与产业组织学的交情斩断于80年代中期。实证分析还行，但Tirole、Laffont、Fudenberg们就都免了吧。

以我这外行看，还是所谓国内的经济学听着过瘾。不光是我半生不熟地觉着听得懂，而且还稀里糊涂地觉着有道理，至少不明觉厉地认为接地气，偶尔还敢似是而非地褒贬一番。说起来，我的起点也不低：在得克萨斯的第一年，我首次见到了在国内读书时就仰慕已久的周其仁到奥斯汀做演讲，至今清楚地记得从其仁那里听到类似"政策的合法性"这么高大上的学术概念。

当然，说是亲自见识，并不是真正认识。直到陈平退休离任，估计他也不能确定我的名字到底是马浩还是马凯。有一年，CCER的教授年会在包头召开，某天会后，同事们都到草原上骏马奔驰了，只有我们俩鬼使神差地留在了帐篷里。陈平是压不住马，怕被晃悠下来，抑或被马硌了自己的筋骨。"马凯"是怕上去把马给压塌了。

正是在那年的教授会上，我第一次近距离接触其仁。明眸含睿，气韵慑人。但那时其仁开会并不怎么说话，也基本不怎么来开会。然而，有陈平在，开教授会总是很热闹的，因为陈平敢于当面直言不讳地批评任何人，当然也包括痛心疾首地批判整个西方主流经济学界！其仁说话，倒是很少直接批判，他比较注重实用理性：总得解决问题，你说怎么办呢？

耿介豪爽的平新乔兄，也是那些年我盼望开会的重要原因之一。因为曾经渴望追随厉老师，厉老师身边的人便都是我们心中的英雄。英雄如平

管理的幻觉
沉醉于臆想中的现实

老者,能在而立之后,毅然赴美读书,在康奈尔拿下博士学位,真个学贯中西。开会发言,平老总是直白了当,畅快酣然。席间把盏痛饮,醉而不休,更是令人难忘。当 CCER 刚要涨工资那年,平老却风风火火回经院去了。朗润园东南半里地以外的平老,你还好吗?

在得克萨斯的另外一个重要机缘,是结识赵耀辉。一次在商学院的苹果计算机实验室打作业,偶遇耀辉的先生——当时正在读 MBA 的王平。后来耀辉回中心,我才知道北大有这么个纯海归的机构。2002 年,我在香港科技大学组织管理系做访问学者,听说 CCER 还有 MBA,就托耀辉举荐。于是,我就来了。陈平、鄢萍和我,加上家属代表耀辉,孤星之州曾经在 CCER 有三个半人,超过教授总数的 10%,一时无两。只因专业各异、兴趣不同,得克萨斯派形不成对芝加哥学派的威胁。散兵游勇,波澜不惊。

朗润园中的管理学人

我与 CCER 和 BiMBA(北大国际 MBA)的初次遭遇,应该是在 2002 年 1 月。当时在职班的创业课程出了些问题,我被临时从香港喊来救场。头一堂课下来,学生反响不错。时任中方院长的胡大源老师非常兴奋地说,真没想到,第一次课就搞定了。还好,此前我在美国 8 年的 MBA 教学经验总算没有白攒。后来,又陆续客座给培训项目和 EMBA 上课,尽享各种外教待遇,包括被拉到前门的老舍茶馆去看曲艺和杂耍。

当时在 BiMBA 的感觉,充盈弥漫,肿胀结实,就是一种令人蠢蠢欲动的激荡与升腾。这里的学者同仁,跟世界无缝接轨。这里的工作人员,服务意识和态度超越国外同类员工。这里的学生群体,是具有国际视野的业界精英。这个静谧祥和的院子,更是令人流连憧憬。美国与香港的经年记忆开始模糊,我与海淀区的心理距离迅速拉近。

管理学人在朗润

在商学院待了十几年的我，想必已经是非常地势利眼。如果不是在鸟语花香的朗润园，而是在创办者们起家的地学楼，我真不知道是否还甘愿驻足。当年之所以出国，说是深造，其实一个直接的原因，就是不愿再看到我家楼下过道永远泛滥的垃圾。后来之所以归返，也许是因了朗润园洗手间配备的手纸和坐便马桶。俗人的拍脑袋，总是要有庸俗的理由来支撑。

我在 BiMBA 兼职享受外教待遇的时候，BiMBA 创始人之一梁能恰好转战故乡上海。于是，我被考虑接管 EMBA。在我离开香港之前，当时还在香港科技大学兼职的毅夫约我面谈。我们在清水湾西贡的某个小馆吃了条清蒸鱼，我就被搞定了，比我在朗润园救场奏效的速度还要迅捷。毅夫出马跟你谈话的时候，基本上就不再是你来不来的问题，而是你自己如何说服自己，是明天来还是后天来的问题。这一点，和懋兄等数位同仁皆可佐证。

梁能、胡大源、杨壮是 BiMBA 的第一代直接操盘者。北大传统，中国特色，国际接轨，世界一流。这是 BiMBA 早期秉承的宗旨和努力的方向。作为改革开放后第一代在美国获得管理类博士学位的大陆学生，梁能和杨壮是我的前辈榜样。梁能的学术研究游走于经济学、国际商务和管理学之间。他在赴任上海之后仍然在 CCER 带管理学的博士生。我加入 CCER 之后，曾帮助他送走三位博士毕业。我们俩和其中一位博士林淑还共同出版了一部英文专著，探讨中国民营企业的政治战略。

15 年来，杨壮一直是 BiMBA 的形象代言人。温良儒雅的杨壮，可谓根正苗红，北大西语系的高材生、社科院的新闻硕士、普林斯顿大学威尔逊学院的公管与国关硕士、哥伦比亚大学的社会学硕士和管理学博士。2002 年第一次见到我就说："你来了，太好了，我们这边再不加把劲儿，就很被动了！"对于一直提倡 BiMBA 小而精的杨老师，这种忧患意识，一直延续到诸位读这篇文字的这一刻，虽然 BiMBA 在很多领域一直领先。

管理的幻觉
沉醉于臆想中的现实

  自打我进入朗润园，胡大源一直是我的顶头上司、直接老板。作为BiMBA的院长，既要有应对外部潮流冲击的气度和自信，又要谙熟体制内运作的机关和常识，并具有必要的耐心和坚韧。永远精神饱满的胡老师，不负众望，勇挑重任，呕心沥血，废寝忘食，用他的智慧和辛劳，化解了一次又一次的危机，为BiMBA的生存和发展立下了卓著功勋。

  为了BiMBA，胡老师牺牲了自己的学术研究和个人兴趣。与他多次长谈中，甚觉受益匪浅。话题从统计分析到环境经济，从孙子兵法到林彪、粟裕，从中国唱片社到雕塑、水粉、网球、溜冰。我领略到的胡大源是一个精彩多姿的性情中人。跟胡老师第一次吃饭，在勺园，就是鸡蛋西红柿。都很对脾气。当然，作为老板的胡院长对我自是关照有加，尤其是在我曾经辗转往返于中美之间的那些年。

  说来也巧，胡杨二位院长对西点军校也有着我们在20世纪80年代对经济学那样的不可抑制的好感。胡老师是出于对军事战略的由衷喜好。杨老师则是对西点军校的领导力培养极力推崇。由于他们二人的多方努力，促成了BiMBA与西点军校的定期交流。我时常会想，朗润园的大门上挂了若干块牌子了，再多挂一块也无妨。干脆在万众楼直接挂牌"西点驻京办"。毕竟，我们是国内最早与西点军校合作的商学院。

  杨老师带领的国际游学、胡老师领军的现地体验、EMBA入学的沙漠或者草原拓展，都是BiMBA首创的特色课程。为了提升军事与管理战略的现地教学效果，胡老师还专门邀请军事学和历史学专家宫玉振博士加盟BiMBA。无论是体验"四渡赤水出奇兵"还是考察"孟良崮国共两军对垒交锋"，胡老师与宫老师的黄金搭档都为管理学教育增色添光。

  宫老师与刘芊博士，更是在中国文化与现代管理结合方面积极展开有益的尝试。宫老师讲孙子兵法、曾国藩、大国崛起，佳评如潮。多才多艺的刘芊，乃是我们BiMBA早期在职班的校友，长期负责对外交流项目，能够用北外高材生地道的英文给来访的老外们神侃儒释道、正清合。每年的 BiMBA 新年晚会必是由他担任总导演，拿着个对讲机满场翻飞，指挥若定。刘芹还时常亲自粉墨登场，赵云、孙悟空、杜丽娘，洋歌土戏皆精，文武昆乱不挡。

创新归创新，BiMBA 在实际运作中，还是非常中规中矩的。国内许多挂牌管理学院或者商学院的机构，要么是经济学家挂帅，要么是运筹学家领军。BiMBA 虽然由一帮经济学家发起，但却是国内少有的按照商学院逻辑来办 MBA 和 EMBA 的。这与几位直接操盘者的眼界、胸襟和素养是分不开的。无论是跟国外 AACSB 认证的商学院合作办学 MBA，还是自己打理 EMBA，他们都做得风生水起，像模像样。

杨壮院长深谙国际一流商学院的运作模式。一向尊重管理学人的胡老师是一位善于学习的出色管理者。最近几年，胡老师坚持亲自参加所有 EMBA 学员的面试。从课程设置到学生服务，他的精心管理成效斐然。凡是来到朗润园的人，无论是学位项目还是培训项目的学员，都会对 BiMBA 的教学质量倾情赞赏。2014 年，在《福布斯》中文版的商学院排名中，BiMBA 的全职班排名第一，在职班排名第二，EMBA 校友满意度全国第一。

现在主抓党政工作的胡老师已经淡出 BiMBA 的管理一线。从 CCER 一步一步成长起来的张黎教授已经与 NSD "少帅" 姚洋一起同期赴任，全面执掌 BiMBA 的管理和运营。张黎老师，曾在美国任教，并有外企工作经验，长期主管 BiMBA 的招生工作，贡献良多。他的营销和品牌管理课程，从双学位到 EMBA，深受各类学生欢迎称道。当然，酒量不让平老。这位稳健而务实的营销专家，正在率领 BiMBA 全体员工为进一步巩固和提升 BiMBA 的品牌形象而殚精竭虑，力争再创辉煌。

遥想当年，其仁那代人与共和国总理坐而论道的时候才 30 岁出头，

管理的幻觉
沉醉于臆想中的现实

那代学人的经历和见识是不可复制的。我辈在钦羡之余，不禁多了些紧迫感，唯有加倍努力，方不负当今时代。现在领军 NSD 和 BiMBA 的"60后"们，正副主任加起来半打，皆已年方半百。时不我待。院长同志们，你们大胆地往前走！

世界真是奇妙。在这个经济学家主导的院子里，还有我们这些自称管理学人的另类奇葩。当然，也有人口学家、政治学家、环境学家、跨界杂家，以及各类不属于经济学界的经济学家。真是感佩于毅夫的高瞻远瞩。他就职世行之前力推的国家发展研究院，相比当初的中国经济研究中心，似乎为我们这些混迹于朗润园中的非经济学人士提供了更多的合法性以及发展与融合的空间。

杨壮老师宝刀不老，如今再次担纲 BiMBA 共同院长，又为 BiMBA 描绘了新的精神图腾：北大精神，社会情怀，国家高度，全球视野。每次见到我，还是会像十几年前初次见面一样，风风火火地说："我们真得加把劲儿，否则就被动了！"好在我们的队伍不断壮大。去年，又有两位出色的年轻学者加入 NSD 管理学教授的阵营。

谢绚丽，教堂山北卡大学战略管理学博士，主攻创业与公司治理，在执教北大 7 年之后，从未名湖南岸越湖北上，挺进朗润园。吕晓慧，沃顿商学院战略管理学博士，曾是新加坡国立大学广受欢迎的 MBA 和 EMBA 项目教员，同期加盟国发院。请允许我们些许自我鼓励一番：兼容并包的北大国发院，如今拥有主流战略管理学领域颇具潜力的人才集聚。是的，很有潜力。

经世济民，管事理人，庙堂江湖，论道挺身。这是朗润园中人的使命。吾辈当乐于此道。且看下一个 20 年。

（2014 年 4 月 24 日）

管理的幻觉

现实是持续的幻觉。管理亦是如此。管理者每日的所思所行游走于现实和幻觉之间。以为在努力做管理，可能是在帮倒忙。以为行动可以导致某种结果，却往往事与愿违。为了追求某种特定理想，可能忽略了其他更为重要的目标。原本以为理想的境界，实际上可能荒谬而严酷。大家都以为稀松平常的东西，倒是可能平中见奇。管理者的幻觉，影响他们的行为及其结果。无论其对错，有些幻觉永久持续，难以唤醒。这是人类的无奈，也是世间的美丽。

跟小米聊聊康柏：当技术变革经历里程碑式的变化或经济潮流出现重大波荡之际，大家的注意力往往会聚焦于自己是否顺应潮流，站在了风口上。殊不知，长久而言，管理的内功才是成败的分水岭。

硅谷的人才购雇：有一种人才获取方式叫购雇，不是直接雇用，而是通过收购该人才自己创立的企业。这里有经济、法律、制度、面子等多方面的考虑。西方人同样讲面子，但也更尊重法律和规矩。

企业如家的梦幻：企业如家，可能是一种理想境界，可望而不可即；也可能只不过是一种梦幻，在有些企业已经成功地被集体营造和传播。梦幻也许不足为外人道也，但对梦中之人，则是真实的。

幸福企业本末观：幸福企业和幸福员工，乃是企业如家梦幻的实际载体和终极归宿。好事者一定会问：幸福企业，到底是目的本身还是实现其他目的之手段？本文探究幸福企业的本末关系。

跟小米聊聊康柏

小米创始人雷军有言："站在风口上，猪也能飞起来。"以"专注、极致、口碑、快"和"参与感"为座右铭而忙碌于"赶风口"抑或"造风口"的小米，显然扶摇直上，爆发甚快。不知道小米们是否还有时间和心境听一下关于 PC 时代康柏的陈年旧事。想说的是，PC 时代，风口也是相当地大，康柏也曾精彩地飞。

因为"你是我翼下的风"

《你是我翼下的风》是一首创作于 1982 年的歌曲。那年，康柏公司成立。1983 年，康柏出货 IBM PC 兼容机，当年收入达到 1.1 亿美元，成为当时美国历史上最快实现过亿收入的公司。三年之后，1986 年的 3.29 亿销售收入使得康柏成为进入《财富》500 强最快的公司。1987 年，康柏收入首次超过 10 亿美元，再创历史最快纪录。1988 年，《你是我翼下的风》由 Bette Midler 一唱而红。好风凭借力，送我上青云。那时康柏振翅飞扬。

后来，《你是我翼下的风》曾被众多的新老歌星们不断翻唱，大有漫天猪飞之意。再后来，据说此曲成了美国人在葬礼上致敬逝者的首选歌曲。2014 年的奥斯卡颁奖典礼上，当年的热辣女星 Bette Midler 已是年将七旬的大妈，一曲《你是我翼下的风》，追忆那些逝去的影星们，歌者与观者皆是潸然泪下。大家感慨的，是那翼下的风，还是飞扬的猪？此时，

管理的幻觉
沉醉于臆想中的现实

康柏已然不再高飞，而是无奈埋头低走。于 2002 年遭受惠普收购的康柏，如今基本上是匍匐蠕动，悄无声息。

小米 vs 康柏：两个时代的口碑、极致、快！

当年风口上的康柏与当今的小米，有太多的相似。康柏专注于 IBM 兼容机，其价值主张不是提供低端仿制品，而是力求与 IBM PC 完全兼容，讲究质量、可靠性、易用性，以及相对的便携性。在经销商和顾客眼里，康柏口碑良好；它将 IBM PC 的开放性框架应用到了极致；它的快速行动和惊人成长更是有目共睹。雷军关于互联网思维的"七字诀"，其实也正是康柏早年的追求和写照。此说大概无甚不妥。1994 年，康柏超过 IBM 和苹果，成为全球 PC 老大，风光一时无两。

小米起家，专注于智能手机，尤其是中低端市场，将产品性价比做到近乎极致，利用口碑营销，迅速提升和突破，全面占领目标市场。在短短的三年时间内，实现了中国市场上出货量第一的骄人业绩。而在全球安卓系统内，仍然有一个类似 PC 时代之 IBM 的领头羊——三星。在 20 世纪 80 年代，苹果电脑与 IBM PC 分庭抗礼。同样，如今苹果 iOS 则在智能手机市场与整个安卓系统并驾齐驱。未来能否超过三星和苹果，是检验小米能否成就类似康柏当年辉煌的关键。那么问题又来了，即使成就了，下一步又将怎样？

小米与康柏有何不同？

康柏的成立只比 IBM PC 的问世晚了一年，它有足够的时间与 IBM 等 PC 厂商赛跑。小米的成立，比第一个真正的智能手机至少晚了 5 年。如

跟小米聊聊康柏

果按照 2015 年 1 亿台手机出货量的预估，市场成长的前景还有多大？

康柏前 10 年真正地专注于 PC 一项业务，而小米又是盒子又是物联网。小米有哪些竞争力可以成为进军其他业务的基石？是人才、技术、粉丝，还是总比别人离风口更近？

康柏曾经给予经销商极大利益去铺设渠道和推广品牌，在很长时间内没有像 Dell 和 Gateway 那样通过电话或者网络直销。小米如果专注于智能手机，注定要往高端走。没有实体体验店，只靠网购和口碑，能否支撑其高端梦想？如果开设实体店，如何协调线上和线下的关系？当年康柏直销和经销商渠道的冲突对小米应该是个警示。

康柏的创始人都是德州仪器的高管，后来的 CEO 与高管团队都有丰富的经营管理经验。即使如此，面临文化冲突和机构整合挑战，康柏对 Tandem（1997）和 DEC（1998）的兼并，也并不能算成功。兼并后的康柏，既没有撼动 IBM 和 HP 在系统集成与企业服务市场上的地位，又丧失了康柏原本在 PC 市场上的优势。小米的创始人都是曾经供职于微软、谷歌、摩托罗拉等公司的业界精英，但基本上都是技术出身，很少有管理经验和背景。如果有钱任性，开始兼并其他业务，能否玩得转？

康柏的前 18 年一直都有老谋深算的 Ben Rosen 做董事长（康柏的第一个 VC（Venture Capital，风险投资家））。他曾经赶走创始 CEO 和继任 CEO。好在雷军自己就是 VC，貌似拥有足够的股份和绝对的话语权。如果真是这样，那么要提醒一句，不能太任性。如果不是这样，那么站直了，别趴下。

最后，说说参与感。康柏没给顾客参与感，其同行 Dell 给了。此处小米完胜。小米靠的就是粉丝的参与和追捧。和康柏一样，小米不过是在别人的开放系统上划出一席之地，没啥独特稀缺、不可模仿、难以替代的独门绝技。接下来参与感能贡献什么？现在的米粉们会接着追捧小米的其他

管理的幻觉
沉醉于臆想中的现实

业务吗？好事者应该查一查数据，除了手机本身，所有的参与感究竟带来了多少点的收入？

在多种风况下从容飞行

2004 年，笔者的第一本专著《竞争优势：解剖与集合》问世。书中曾引用过一句英文谚语："猪也可能会飞，但肯定不如鸟飞得漂亮。"当然，话也可以反过来说：鸟也可能脚踏实地，但肯定不如猪来得自然。不管是否有风，既然已经飞起来了，下面的关键，就是要学会在不同的领空从容地飞翔。在 2004 年，也有一首歌《两只蝴蝶》红遍大江南北："亲爱的，你慢慢飞，小心前面带刺的玫瑰！"遗憾的是，无论有刺无刺，那时的康柏都已经看不到前面的玫瑰了。

现在是 2015 年。智能手机，方在盛年。各路人马在路上，吹风造风追风跟风，风餐露宿。上小米！接着飞。

（本文编辑修订版曾以"跟小米聊聊康柏？"为题发表于《中欧商业评论》2015 年第 5 期马浩专栏。）

硅谷的人才购雇

"脸书从来没有为了某个公司本身而去收购它。我们收购公司是为了获得其优秀的人才。"脸书老板扎克伯格在2010年的这番话，标志着一种新形式的人才争夺战在硅谷烽烟骤起。兼并与并购（M&A），在全球商界可谓屡见不鲜，但纯粹为了获取急需的人才而进行兼并，却是近年来在加州硅谷上演的一出新戏，甚至有一个复合词被发明出来予以名状：Acqui-hiring——"收购式雇佣"或"收购式招聘"，不妨将其简称为"购雇"。

想要某些人才，直接重金挖过来不就完了，为什么非要兼并整个企业呢？殊不知，在人才争夺与技术创新的名义下，所有当事人的利益和名声皆须保全，法律约束和人情世故交相辉映。灿烂的加州阳光里，生息着企业巨头、业界大亨、创业新秀、技术精英、天使、风投、私募、掮客、会计、律师，如此各色人等，共同撑起全球最具活力的技术创新生态系统。面子、里子和空子之间的博弈，催生了这种独特的人力资源实践。

购雇中的面子和里子

购雇，指的是一个财大气粗的成功企业通过收购一个小型的创业企业而获取其创业团队与技术精英，通常是CEO和主要的工程师。被购雇的

管理的幻觉
沉醉于臆想中的现实

人才,由于以整个团队的方式进入收购企业,可以相对较好地发挥和利用他们之间的协作与默契,迅速上手做项目。需要强调的是,收购企业所关注的,仅仅是被收购企业的人才。而它对被收购企业的产品、技术和资产则没有任何兴趣。通常情况下,被收购公司的产品和技术会被迅速关停并转,很快销声匿迹。比如,2012 年,谷歌通过收购即时通信软件公司 Meebo 得到了 Seth Sternberg 等技术精英。Meebo 的产品与服务在兼并之后便被关闭。Sternberg 等人则被收至 Goolge + 业务部门。

被收购的企业的投资额度一般在 300 万到 500 万美元之间,很少会超过 1 000 万美元。这些企业的创业团队往往在业界小有名气。要么新一轮的融资面临困难,要么技术开发遭遇瓶颈,或其核心业务的市场前景不甚明朗。总之,他们之所以成为潜在购雇对象,正是因为他们创业本身成功的概率正在逐渐减小。硬着头皮撑下去,最可能的结果是直面失败。此时大公司抛来的橄榄枝,为这些爱惜自己羽毛的创业者提供了一个优雅的退出借口和通道。他们甚至可以大肆夸口说:脸书(或者谷歌、雅虎、推特等等)花重金收购我的公司!

如果大公司看中的是他们的技术或产品,那么这样的收购就不是购雇。因为,如果是技术和产品被看中,一个很大的可能性就是:给大价钱也会不卖!哪个创业者不想自己有机会成为下一个谷歌或脸书呢?如果真是有这种潜力,那么风投、私募、IPO 都会纷至沓来,为什么要卖呢?通常是投资者们不愿意继续让你烧钱了,郁闷纠结之际,至少还有炉火正旺的大公司看中了你优雅的烧钱姿势。这面子给的正是时候。该被收编的时候,就识时务吧!面子有了,里子也不寒碜。通常情况下,大企业会给购雇的团队较高的待遇和礼遇。名利双收的事儿,还是就范吧!

法律有空子为什么不钻

回到问题的关键:为什么不直接雇人,而要买公司?这里必须提及法律责任。一个创业团队,烧着天使和风投的钱,不可能见势不妙就自己先撤。投资合同中的各种锁定条款,意味着创业者很难脱离对投资者的法律责任。当然,加州的法律对创业者责任的界定非常慷慨,即使法庭判定创业者违约,也很难在实际中执行。既然是这样,为什么创业者通常仍不会放弃企业、选择以个人名义与大公司私下交易呢?因为世界很大,圈子很小。得罪一个投资者,就是冒犯整个投资圈,自绝后路。一次钻空子,可能永远没面子。

同样道理,投资者也不会轻易去告创业者或者购雇他们的大公司。谁都在乎自己的名声和面子。都是同道者,你中有我,我中有你,利益均沾,不伤和气。于是,最终是在里子上让大家都相对满意。这就好比投资者养了个童养媳,大企业立马要重金夺爱,当下迎娶。花钱摆平三方利益的,自然还得是钱袋饱满的大企业。投资者至少不赔本地退出。下次投了好的创业项目,还能用更好的价钱卖给大企业。创业者团队也得到相对优厚的回报和待遇。收购企业则在需要迅猛发展的领域内(比如移动互联网与大数据)快速地集聚了人才,成本可能远远小于潜在的巨额收益。更何况,在对待所有当事人的税收方面,这种并购比直接挖取人才也多有便利。

和气背后的隐忧

然而,一团和气之后,有人不禁担心硅谷创新之隐忧。购雇的团队是保持其独立的运营,还是被融入已有的业务群落?如何才能使被购雇的团

管理的幻觉
沉醉于臆想中的现实

队在大公司中保持创新的动力与活力？被购雇的团队之优厚待遇和礼遇，会给已经在大公司忠心效力、摸爬滚打多年的现有团队带来什么影响和冲击？是不是最好出去创业一两年，再被公司购雇回来在经济上更划算？如果大家纷纷出走，创办众多的小型创业公司，人才的稀释会不会反而阻碍创新的力度和规模？如果创业者可以通过被购雇而得到相应的回报，是否会鼓励一些故意而不适当的过早退出？这种短期行为，不仅会伤害投资者的利益，而且不利于对创新的承诺与坚持。

无论在硅谷还是在中关村，天才工程师永远都是稀缺资源。如何构建与保持一个健康有序、鼓励创新的生态系统，使得技术精英的才能得以最大限度地发挥，这是大家面临的共同问题。面子、里子和空子，中关村从硅谷能学到什么？

（本文编辑修订版曾以"面子、里子和空子：硅谷的人才购雇游戏"为题发表于《中欧商业评论》2014年第8期马浩专栏。）

企业如家的梦幻

场景一：清晨7点，闹钟把汤姆叫醒。洗漱完毕，他匆匆赶奔班车站点。在路人羡慕嫉妒恨的目光注视下，迎着加州的朝阳，汤姆骄傲地登上公司的超级豪华大巴班车。车上全部Wifi覆盖，无论是上网打发时光还是接续昨天的工作，一点儿都不耽误功夫。下了班车，有美味的早餐等着他，免费！中午和晚餐接着吃，全在公司，全都免费。工作间歇，公司有免费的健身房、游戏厅、图书馆和医务室供其享用。公司是汤姆和小伙伴们打发大部分时间的家园。而回家睡觉，倒像是迫不得已地去上班。欢迎来到谷歌！对于那些上学时就憧憬永远待在学校里不毕业而又有人管饭还给零花钱的职业学生们而言，谷歌简直就是极客天堂。

场景二：早上7点半，沐浴着苏州的晨光，宝强从宿舍奔向公司厂房。公司的管理人员会在工厂门口面带微笑地迎接陆续前来上班的员工，并问候大家。宝强忙不迭地向上司们还礼，幸福地开启一天"紧张而又愉快"的工作。公司上上下下、走廊过道，随处可见各类标语口号："家和万事兴，百善孝为先"，"万事不幸，皆因不孝"。到食堂吃午饭前，宝强会看到楼梯口巨幅的爱因斯坦头像，边上的解说词是"爱因斯坦说，素食使人聪明"。因此，食堂鼓励你每周两天不沾荤腥，让你感觉似乎很养生。下了班，你可以跟伙伴们一起打球，或者兴高采烈地去做义工，到公司菜园除草之后再给你的工友理发。这里是以孝道为主题、以家文化为特色的"幸福企业"苏州固锝电子。

管理的幻觉
沉醉于臆想中的现实

从加州到苏州，企业如家的梦想正在被全球诸多企业践行。从社会学的角度来看，家庭是以血缘和亲情维系的初级社会组织，企业则是以法律合同维系的次级社会组织。从经济学的角度来看，企业之存在主要以营利为目的。如果一个企业花大力气打造一种家文化的氛围，而且这种做法能够得以持续，可以想见，家文化的背后必定有某些重要的经济逻辑。

企业与员工的相互长期承诺

首先，在一个有家庭氛围的企业，组织与个人双方容易达成长期的互相承诺。这种承诺可以使员工与企业的利益高度融合，而不只是一方给钱、一方干活，随时可以终止的纯粹短期交换关系。作为一个以二极管和整流器为主要产品的制造业企业，固镍电子曾经困扰于每年高达20%左右的员工离职率。枯燥的生产线工作、贫乏的业余生活和微薄的工资待遇，使得很多员工军心涣散。2010年，通过"幸福企业计划"的推广，固镍致力于在企业中营造大家庭的氛围，出台了各类关心职工生活和工作的措施，离职率逐渐降到了现在的3%左右。这对企业来说，比起不断地招人和培训去应对人员流失和消极怠工，显然是更符合其经济利益的。对于员工而言，既然企业是自己的家，就该像爱家一样爱自己的企业。因此，"我爱我设备"和"绿色运营"等活动便相对容易推行。同时，"消除浪费和持续改善"等各类举措也能够在工厂的各个角落得以普遍落实。

好在固镍电子要招募和管理的是供应相对充足的简单劳动力。相比而言，谷歌的员工选聘与激励应当是极具挑战性的。他们想要的，是全球的技术精英、各国最优秀的工程师。其实，无论是在传统经济时期还是在迅猛发展的IT领域，深谋远虑、眼光独到的企业家通常都会花大力气去选择合适的人。微软的比尔·盖茨曾经专门强调招募高人的重要性："只有与最聪明的人才在一起，才不会落伍。"而通用汽车早年的CEO斯隆则对人员的错招提出了严厉警告："招错一个人，需要很多人花多少年的功夫去纠正他的错误。"一个害群之马，可能会毁掉一个良好健康的家庭。因此，既然是长期固定关系，进家门之前，企业方面自然是力求全面苛刻地审视要入伙的新伙计。谷歌在人才招募过程中可谓费尽心机，不惜花费大量时间和精力。

每年大约250万人申请加入谷歌，相当于每天6 849人、每分钟5人申请。而那些能够成功进入谷歌的申请者通常要经过四轮严格的面试。面试时问的问题千奇百怪：多少高尔夫球可以装满一辆校车？有8只球，7个重量一样，一个更重。用一架天平，怎样只测两次就能找出重球？看似是脑筋急转弯儿，实际考察的是一个人解决问题的能力和思考问题的想象力。谷歌认为，你的思考过程以及在压力环境下迅速反应的能力比答案本身更为重要。正是如此，谷歌才坚持在招募中注重能力而不在乎经验。一个超级公司需要超级人才。一个庸才，可能拖累整个团队。力争每一个员工都是精英人才，这便是谷歌的思路。

谷歌人效分析部（People Analytics）的主管萨梯（Prasad Setty）曾经说道："我们的员工招募过程令人筋疲力尽，我们通过各种方式折磨应试者。而一旦他们进入谷歌，就会感受到一种家的氛围。把员工当家人，意味着培养他们，帮助他们发展，确保他们实现自己的全部潜能。"谷歌拥有像顶尖大学里研究生院那样的学习型文化。来自世界各地的著名研究人员受邀定期到谷歌做讲座，帮助工程师们持续学习，更新知识。同时，谷歌给工程师们足够的自由，去探索和创新。谷歌最为著名的政策，莫过于给予工程师20%的时间，去做自己喜好的事情和项目。在自己家里，总要有些自由。

管理的幻觉
沉醉于臆想中的现实

企业员工的归属感

家文化可以增进员工的归属感，能够帮助员工更好地平衡工作与家庭生活的矛盾和冲突。在固锝电子董事长吴念博的倡导下，幸福企业计划落实到企业最基层的班组。一个班组七八个成员，构成企业大家庭中的一个"小家"。公司定期进行"幸福班组"和"幸福领班"的评选。为了增进员工的归属感，公司逐步出台各类有关职工关怀的制度措施，比如，新员工入职培训、员工心理疏导、礼仪引导、读书小组、生日庆祝会、各种娱乐健身活动等等。

固锝最具有特色的做法应该说是其影响深远的义工队伍。大约60%的员工参与了各种义工活动，打扫厂房、回收资源、到公司自己的果园菜地劳动、给其他员工提供生活服务等。这些活动，既丰富了员工本来单调的业余生活，也给他们带来了某种主人翁的意识和自觉，增进了大家的亲近感和凝聚力。而且，义工的范围不仅限于企业内部，固锝还积极鼓励员工把幸福传播到社会这个大家庭中。数以百计的固锝义工走入社区，开展多种多样的公益活动和慈善活动，不仅增进了自身的荣誉感，而且也获得了社会的好评，提升了固锝的社会形象。

固锝家文化的核心主题是孝道。公司设立"孝亲电话吧"，员工每周可以免费跟家乡的父母家人通话联络。如果员工有80岁以上的父母亲，公司每月会有相应的补贴。员工的部分津贴或奖金，也会由公司直接送到员工父母手中。公司还鼓励和倡导苏州本地的员工回家给夫妻双方的老人洗脚、捶背。此外，固锝义工还坚持每月走进敬老院为老人们送温暖。员工生日庆祝会上，也会播放倡导孝道的电影和节目，提醒员工不忘父母恩德。为了免除员工子女读书的后顾之忧，固锝为员工建立了自己的"幸

企业如家的梦幻

福爱心园",聘请专职幼儿园和小学老师进驻厂区,在员工上班期间指导和协同公司的义工们照顾员工子女。公司还为员工子女提供一定的学费补贴,从小学直至大学。

如果说从事生产线工作的固铎员工还相对容易管理和统一思想,那么像谷歌员工那样高智商的精英群体大概应该是难以轻易被说服和操纵的。然而,谷歌待遇优良,氛围自由,强手云集,阵容豪华,实在是令人向往,难以拒绝。也许,能够与之为伍,本身就是一种荣耀和成就。于是,人才趋之若鹜。能够加入谷歌,员工不仅为自己的精英身份骄傲,同时也确实投入了一个关怀备至的大家庭的怀抱。谷歌的优厚薪酬显著地高于同行的平均水平。多种免费的福利待遇,从餐饮、健身、教育,到医疗服务、儿童托管、洗衣和理发等生活服务,使得他们不必为个人生活琐事担忧,能够全心全意地专注于做自己的工作。整个公司,就像一个成年人的游乐场,保证员工在工作之余有足够的事儿可以打发时间。

如此,以企业为家,意味着一天到晚泡在企业里,浸淫在企业刻意营造的轻松氛围中,无时无刻不在或多或少地进行与工作潜在相关的活动。仔细想想,这等于是大家集体主动自愿加班。当年,在日本实行终身雇佣制的企业里,大家下班之后一起聚众喝酒时聊的很多话题也是与白天的工作有关。无论如何,谷歌员工的优越感是显而易见的。他们不仅在上班时有优雅的环境、舒适的空间、周到的服务,在出差时也比其他公司待遇优厚,尊崇有加。而这些福利待遇,大多数是只限于对谷歌的正式员工的。他们才是真正的自家人。对于那些同在谷歌工作的临时工和外包服务人员,谷歌还是内外有别的。而这些外来人员的抱怨和艳羡,更加提振了谷歌员工的自我优越感以及对谷歌由衷的归属和认同。他们才是这里的主人。

管理的幻觉
沉醉于臆想中的现实

家文化的控制作用

大家通常会认为，有了明确的规章制度和标准流程，企业的正规化管理自然会使得企业运营顺畅有序。其实，在某些情况下，以价值观和理念为基础的控制往往更为深入和有效。除了长期承诺与归属感，家文化最大的作用，就在于它所倡导的核心理念以及所促成的员工间近距离频繁接触可能有利于企业对员工的管理和控制，有利于员工的自省自律和自我组织以及互相之间的监督和控制。企业无疑希望通过长期承诺和归属感激发员工的积极性和创造性，但最为直接的经济利益可能恰恰来自于高效控制所带来的成本节省。

我们先看固锝。首先，孝道是中国社会长期的伦理传统。它背后隐含着对长者和权威的敬畏与尊崇。对孝道每天不断的渲染和强调，会帮助员工主动反思和内省，使其行为更加符合组织所提倡和褒扬的行为规范与价值预期。其次，企业的实际作为（比如将某些补贴和奖金直接寄给员工父母）也会对当事人形成外在的压力。如果一个员工怠工或者企图跳槽，他首先会受到来自自己家庭的劝说甚至谴责，会感到自己不明事理，忘恩负义。再次，无论是在工作中还是业余时间里，员工之间的高密度和高频率交往，意味着每个人几乎时刻都在别人的观察之下说话行事。稍有言行不当，便会随时引来别人主动的"关怀和帮助"，你连持续心情低落的机会都难得有。在家庭里，不允许对别的成员麻木不仁，无动于衷。

应当说，这种无处不在的监督机制不仅有效而且廉价，大大地降低了各类管理成本。比如，为解决食物浪费问题，食堂在餐具退还处用不同颜色鲜明地标出两条通道。一条是"无残食"，一条是"有残食"。几天下来，你就不好意思剩饭了。你往哪条通道走？大家都眼巴巴、直愣愣地看着你呢！你老走"有残食"通道，等于公然高喊"我是个浪费犯"。你怎么能浪费自家的粮食呢?！

实际上，与家文化紧密相连的是管理的一个最基本的道理和准则——问责（Accountability）。也就是说，每件事的执行和每个角落的管理要落实到具体的班组和个人。厂房楼顶空地的每一小块空间都有义工包干负责打扫，更不用说车间内部的工作区了。果园里的每棵果树也都有专人承包，负责义务培育和看护。有位员工为了使自己负责的小树显得精神抖擞、引人瞩目，不惜自掏腰包买啤酒给小树擦身洗澡。这是一种爱家、爱自己的责任感和荣誉感。难怪吴念博董事长声称：企业家如果能够把员工的教育和企业的社会责任放在第一位，不仅能够做到利润最大化，社会也将更加和谐，这样也才会产生未来立足于世界的典范企业。

而在谷歌，这种控制通常不是直接反映在岗位责任制或者各类成本节省上，而是大家都在互相较劲，暗中攀比，争取能够比其他部门或者自己的同事更快更好地推出有价值的创新项目。

家文化的潜在问题

企业的家文化，并不总是曼妙优雅，皆大欢喜。正像所有的家庭都自然会有矛盾和冲突一样，营造家文化的企业也会面临各种相应的挑战。首先，长期下去，过分优厚的待遇会从激励机制变成保健机制，被认为是理所当然，从而逐渐失去其荣誉感和激励作用。其次，表面和谐的家庭氛围，可能使企业员工习惯于避免冲突，使企业的管理层难以直面经营中存在的各种棘手问题。再次，家文化也在很大程度上意味着思维和行为的同质化。在企业面临重大挑战时，这种同质化会导致企业缺乏对多种视角的欣赏以及对不同应对方案的考量。如果领袖在关键时刻决策失误，很难有

管理的幻觉
沉醉于臆想中的现实

足够的纠偏机制去弥补和挽救。最后，对于员工而言，长期在家文化中熏陶驯化，一旦需要离开企业独立生存或者另投门户，很难适应新的环境所带来的不熟悉的刺激与冲击。他们往往喜好沉湎于往日的温情和既有的习惯，并抱怨新环境的世态炎凉、冷酷无情。

在谷歌，随着公司的不断壮大，各种管理弊端也开始显现。早期过分分散的管理架构和过于自然有机的项目规划，使得某些员工感到无所适从、缺乏导向，觉得自己的才能得不到充分的利用和有效的发挥，有些人浮于事、大材小用。比如，给予员工20%的自由时间去做自己喜欢做的事情，曾经备受推崇。然而，事实表明，这一宽厚的待遇和良好的企图，并没有直接导致多少创新项目的产生，如今已经被逐渐搁置。取而代之的是更加井然有序的组织架构和主题明确的专人主导的创新项目。

虽然谷歌对员工关怀细致入微，使得很多人以企业为家，倍感忠诚，但也有部分员工对此稍有微词：谷歌给你提供优厚的待遇，不就是让你没完没了地为其工作吗？你一睡醒就直奔办公室，因为那里有可口的早餐等着你。然后你开始工作，时不时地喝点咖啡，跟你的同事聊天，到健身房活动活动。你还没缓过神呢，已经是晚上11点了。如果你不主动有意识地规划你的时间，工作会很快地占据你的整个生命。你生活的大部分时间都花在跟谷歌的同事一起吃谷歌的食物，穿戴谷歌的设备，用谷歌的专用语交谈，用谷歌手机在Gmail上发邮件，直到你对谷歌之外的世界无从感知，你生活的每一个角落都在不断地提醒你：去谷歌之外的任何地方都是没有意义的，离开谷歌绝对是脑残。一旦你经历了谷歌之后，就很难再适应谷歌以外的环境和习惯。

如果说苏州固锝电子的大多数员工并没有多少其他职业选择的话，谷歌的精英们还是颇有市场的，尤其是硅谷的新兴公司层出不穷，给大家带来足够的诱惑和想象空间。如何持续吸引和保留顶尖的人才，尤其是在外

企业如家的梦幻

部人才市场竞争日趋激烈的情况下，正在考验谷歌的管理层。待遇优厚、温暖如家，自然令人愉悦，但职业人士最终还是希望能够人尽其才、建功立业。谷歌确实为你的付出支付了很高的工资和良好的待遇，但那是你的时间和精力，而公司却不是你的。现在有那么多人离开谷歌了，他们要自己创业。他们意识到可以用自己的技能和努力去构建自己的公司。

谷歌能够做的，也许是进一步提升其管理能力，让那些职业工程师们一直感到在谷歌是最好的职业选择。至于那些坚持要创业的人，也许谷歌应该给他们更多的在企业内创新的空间。大家庭之内是可以有多个小家相对自由地独立门户的。对于执意要走的创业者，也没必要只把他们当成"前雇员"，现在时髦的说法是"终生校友"。也许，他们创了业，会再卖给谷歌。

无论是在商言商，还是企业如家，对所有的公司来说，最终的检验，也许就在于它能否持续创新。创新总是由少数人引领和践行的，其他人只是在后面跟着跑。突破性的创新尤其困难，甚至可遇不可求。兴风作浪者少，顺势冲浪者多。前人栽树者寡，后人乘凉者众。谷歌大肆招募天才，使之工作如在家一样自然，其意正是在于增加造浪者和栽树者出现的几率。然而，也许有人会问，谷歌招募的这么多牛人到底贡献了什么创新？有哪些重大创新是谷歌人自己弄出来的？到底是谷歌有钱有闲养这么多高价天才，还是这些高价天才给谷歌带来了更多的辉煌？家文化到底能走多远？

（本文编辑修订版曾以"从谷歌到囹铻：家文化的逻辑"为题发表于《清华管理评论》2015年第9期。）

幸福企业本末观

幸福企业与幸福员工，乃是时下大家极为关心的一个重要话题。本文试图解读两个比较根本的问题：如何看待幸福企业的实质和特点？对于幸福企业来讲，企业员工的幸福究竟是终极目的本身，还是实现经营业绩的某种手段？

本文主要结论如下：首先，幸福企业通常具有相对简单固定和同质化的任务环境，容易催生大家共享的统一的价值观念，而且企业中大多数人比就业市场上同级可比的人群之综合就业待遇要高。其次，纵然企业可以将员工幸福作为终极目的，但在具体实践中，员工的行为和感受，包括员工的幸福，通常也将不可避免地作为企业运营的手段来应用。绝大多数企业不可能只把幸福作为目标而不作为手段。一般的企业，甚至根本无意于抑或无暇于将员工幸福作为企业经营的手段。

幸福感与幸福企业

幸福，是一种综合感受。幸福感，取决于人、事、过程和情境的特定组合，可以被理解成一个人在某种具体情境下通过某种过程和机制进行某项活动时感受到的满意程度。具体而言，幸福与否，取决于一个人本身内在的幸福取向，他每天所从事工作和生活内容的意义与挑战性，以及工作和生活环境的优劣。

第一，有些人天然乐观，认为生活是美好的，因而永远积极向上地应对一切，即使在逆境中也不抱怨，不气馁。相反，有些人稍有任何不如意，就会感到不满足、不幸福。

第二，人的幸福感会受到他每天必须面对的环境的影响。比如，在工作和生活中，从物理环境到心理环境给人带来的愉悦或者厌恶甚至憎恨，都会影响一个人的幸福感。

第三，对工作和生活的内容本身是否有兴趣，是否感到有自主权和主动性，是否有能力去应对各种挑战，也是影响人们幸福感的重要决定因素。

如此，构建幸福企业，无外乎如下几招：尽量招募那些有内在幸福感的人员，传播积极的价值观和态度，比如美国西南航空公司招募那些善于微笑对待乘客的人员；尽量使工作环境相对愉悦，在保证效率的同时，增进人文关怀，鼓励交流与沟通，促进大家的互相关照与大家庭的和谐感，比如谷歌对员工生活的关照；尽量增进员工的参与感，在工作中感觉到主动性和自主性，并觉得自己的工作有价值、有影响、有荣誉，比如海底捞对一线员工的信任和赋权。

需要强调的是，幸福感不仅仅是自我本身幸福的评价，而且是跟别人和周遭的状况相比较之后的综合评价。你不必最好，只要比可比群体更好，或者超出行业平均水平，超出员工预期，就足够催生员工的幸福感。

总而言之，对于企业中人，幸福与否跟工作性质、任务环境以及自身的禀赋和欲求息息相关。一个企业是否可以被称为幸福企业，要看企业中大多数人是否真心地感到幸福，要么比大多数普通行业中的人员幸福感更高，要么比同级别和同类型的其他企业中的员工幸福感更高，或者在原本普遍没有幸福感的情境中造就了些许幸福。

也就是说，这类幸福企业，由于它们对员工幸福的强烈注重和积极承

管理的幻觉
沉醉于臆想中的现实

诺，无论是出于何种动机，满足甚至超越了大家的预期，于是产生了所谓"幸福企业"的形象。显然，不是所有的企业都适合或者有能力去践行幸福企业的理念。幸福企业到底有哪些独特之处呢？也许我们可以作如下的推论。

幸福企业的产业特性

幸福企业通常会出现在某种特定的任务情境中，要么工作性质和条件十分优越，大家都感觉良好；要么在十分恶劣的情境下，只要稍微比其他对手做得强一些，就会尤其显得突出。反倒是大多数正常的任务环境下，既不突出地幸福，也不明显地不幸福。对于情境优良的企业，比如世界一流的咨询公司的合伙人，住则五星，飞则头等，每天跟各类 CEO 和权贵政要打交道，世界在脚下，命运在手中，那种自豪感和实现感自当是一种幸福。做自己喜欢干、有能力干的事情而且效果明显、影响直接，其他的不如意都不过是幸福主旋律下偶尔的变奏。这主要是由高端行业造就的相对的幸福企业。

再看超市收银员，每天面对无休止的顾客流，简单机械地重复低级劳动，或者是低端环境下的清洁工，他们往往没有能力和机会去选择工作环境和任务更加令人愉悦的工种，不得不长期停留在相对艰苦的工作环境中。如果没有来自企业在多个方面的格外关照，比如组织文体和社交活动、免费进行工作培训、奖励先进员工集体旅游和度假等，大家是很难常规性地感受到幸福的。只要企业在员工待遇和对其生活的关照上明显地优于同类企业同级别的员工，那么这个企业就非常有可能成为所谓的幸福企业。某个行业平均的幸福感越差，关照员工幸福的企业的举措就越是显得难能可贵和令人赞赏。

幸福企业本末观

其他相对正常和普通工作环境下的企业，要想刻意让员工感到幸福，追求突出的幸福企业形象，其实是非常困难的，而且也许是不必要的。处在一个相对广阔的无所谓空间，大家往往比上不足、比下有余，不超级富裕，也不至于拮据难挨。工资随行就市，人员进出随意。在这种情况下，除非企业待遇极差，领导极端不靠谱，大家通常不会感到多少不幸福。如果企业刻意要鼓励员工，由于实力有限、底气不足，基本上没有可能有什么大力度的惊人之举。想让这些有其他工作选择的群体骤然感到无比幸福，或者比对手幸福得多，其可能性也是相当微小的。所以，并不是所有的企业都适合去做幸福企业。

企业的核心价值观相对同质化

无论是德胜洋楼、胖东来百货、固锝电子，还是海底捞火锅店，这些被称为幸福企业典范的企业，往往都是任务环境比较单一、工作性质相对简单的企业。要么是餐饮服务，要么是生产线上的工人，要么是单线产品销售，这种环境下，管理流程相对标准化，而且没有不同业务和不同技术之间相互协调的复杂流程，没有不同文化和不同规范之间不可避免的冲突。通过提高员工的参与度和自主性来调动其积极性，则显得相对可行。配以相应的控制手段和激励机制，可以较好地提升员工的生产率或者客户服务质量。由于员工的个人背景通常极为相似，他们的价值观念也比较容易受企业制度和宣传的影响，可以相对有效地进行同质化的洗脑和理念灌输，增进其归属感和认同感，从而增加其幸福感。

其实，不仅是低端的重复劳动，就连许多高端的创造性的劳动，从管理和企业文化的角度来看，也可能是非常简单和同质化的。比如，谷歌那样的鼓励个体创造性的企业，其核心价值仍然是同质单一的，就是工程师

管理的幻觉
沉醉于臆想中的现实

主导一切，工程师文化的精髓无所不在。这就容易在价值观上对大家进行洗脑和统一，或者说在招人的时候，就注重招募那些认同这种价值观的人，他们对待幸福感有惊人的相似之处。

因此，幸福企业的第二个前提条件，应该是任务环境的相对单一以及由此带来的企业文化的同质化和共享的价值观念的相对统一。否则，任务环境复杂多变，经营逻辑、意识形态、价值观念复杂多变，这种企业（比如大型非相关性多元化企业）一般很难践行幸福企业的做法。说得极端一点，不同文化背景的人对幸福概念和感觉本身，就可能有完全相反的看法。你以为幸福，别人以为犯傻。

幸福企业之待遇优良

虽然幸福是一种主观感觉，但它必然有具体的相关指标可以推测。比如，企业员工在非工作时间的交往频率和力度，员工的离职率高低及其变化程度以及与行业均值的比较。如果一个企业的员工幸福感很强，那么它的员工离职率按道理讲应该不会很高。但最为可靠，也是最能直接测量的指标，通常是幸福企业中员工的薪酬和综合福利待遇。这里，我们无须去探究幸福企业和经营绩效的因果关系，只是倾向于相信这样一个推论：幸福企业的绩效至少应该是不低于行业平均水准的。否则的话，如果员工幸福不能最终提振企业的业绩，企业的老板是不会长期关注员工幸福的。

其实，无论老板是否是慈善家，愿不愿意使员工幸福，如果企业不能持久地获取良好的经营业绩，甚至连自己的生存都成问题，那么它也不可能有冗余资源去关照员工幸福。所谓的幸福企业之所以能够脱颖而出，要么是其员工有较高的生产率和贡献，要么是它业绩好到可以奢侈地通过各种格外关照让员工感到更幸福。这种幸福，注定会体现在幸福员工的薪酬和福利待遇上。他们的待遇通常要比同行同类人员要高，或者至少不会低于可比人群的平均水准。道理很简单，幸福不是长期被动地接受某种纯粹的忽悠。

幸福是目的还是手段？

很多事情在中国的流行都是一阵风。从企业文化到核心竞争力，从平衡计分卡到社会责任，从精益制造到颠覆性创新。风潮来的时候，大家多是紧锣密鼓，摩拳擦掌。风头过去，又都偃旗息鼓，易帜更张，准备激情澎湃地拥抱下一个时髦的说辞和运动登场亮相。谈及幸福企业，大家无疑会问，幸福企业是否也是一阵流行风？更加直白一点，这些践行或者鼓吹幸福企业的，到底是以员工幸福为手段和借口去追求其经济利益，还是"以人为本"，以企业中人的幸福本身为企业追求的目标？

实事求是地讲，无论是作为应时而生的口号风潮还是真实存在的实际操行，真正把员工幸福作为企业目的本身是很难的，也许是不现实的。有时，这甚至是一种强加。毕竟，企业主要是作为经济实体存在的，其使命是为民众创造经济价值，包括客户价值和股东回报。对于一般企业而言，员工幸福本身不是企业经营需要考量的主要因素。只要不虐待员工或者刻意使得他们不幸福，一个企业不去追求把自己建成抑或打扮成所谓的幸福企业，其实也无可厚非。

如果某些企业在成功地完成其经济使命的同时，也能非常完美地完成其社会使命，使得参与企业经营活动的人们具有较强的幸福感，那么这无疑是锦上添花。其实，仔细想一想，即使是那些为了更好地完成企业的经济使命而把员工幸福当作手段的企业，也是极其值得褒扬的。毕竟，它们确实比一般企业更加实质性地关注和提升员工幸福。如果某个企业把这种

管理的幻觉
沉醉于臆想中的现实

社会使命本身作为企业明确追求的目标之一,那么其作为就更是难得。

如果将是否以员工幸福为手段和目标作为两个基本维度,我们可以构建一个简单的分类法,帮助我们具体探讨和理解幸福企业的不同类型以及它们的主要特点(如表1所示)。

表1 企业对待员工幸福的态度

		员工幸福作为企业追求的目的	
		不是	是
员工幸福作为增进企业绩效的手段	是	类型:**常见幸福企业** 描述:注重员工幸福主要是为了提高其生产率从而最终增进企业的经营绩效。 实践的可能性:相对容易实现。 典型样本企业:生产制造型企业,比如固铼电子;服务业,比如海底捞。	类型:**全面幸福企业** 描述:既以员工幸福为增进企业绩效的手段,又以之为企业之目的本身。 实践的可能性:比较难以实现。 潜在的样本企业:高科技企业,比如谷歌;某些合伙人组织或者家族企业。
	不是	类型:**常见普通企业** 描述:不以员工幸福为企业目标,也不将其当作增进企业经营绩效的手段。 实践的可能性:企业普遍常态。 典型样本企业:可以存在于几乎任何行业,从照章合法经营的跨国公司到极端任务导向的血汗工厂。	类型:**乌托邦型组织** 描述:只以员工幸福为目的,并不以之为实现其他目的之手段。 实践的可能性:几乎不可能持续存在。 典型样本企业:某些类似互助组与合作社的理想组织,比如早年的 Ben & Jerry's。

不是所有企业都需要奢谈幸福

大多数企业属于常见普通企业,它们无须拔高自己,只是照章经营,依法纳税,按照自愿交易的原则与各种利益相关者签约,进行自己的日常经营活动。企业与管理者以及员工的合同也是一样,自发自愿,双向选择,随行就市,公开透明,责权利之预期明确清晰。企业既不无端克扣刁难员工，亦不随意奖赏挥霍。

这种企业，一切照规矩来。它们不会刻意地把员工的幸福作为企业经营的主要考量指标。可以说，员工幸福，既不是手段也不是目的，不是企业考虑的问题，而是员工自己应该考虑和负责的。虽然某个企业可能对待员工相对优厚，但它仍然不认为保证员工的幸福是企业的责任。

韦尔奇在某次接受采访的时候，就赤裸裸地说道，选取什么样的公司和职业，工作和生活如何平衡，是员工自己应该把握的事情，而不是公司应该关心的事情。公司（像通用电气这样的公司）必须竭尽全力保证自己在市场上的竞争力。

显然，韦尔奇的论断意味着，幸福与否是你自己的事儿，从公司角度来看，我们唯一关心的是你能否完成公司交给你的任务，能否胜任你的工作。否则，末位淘汰时你必须走人。通用电气给的激励很多，给管理者的空间很大，但压力更大。你是否从这种环境中感到幸福，在于你自己，而不在于企业。

当然，属于这一类企业的还有一些极端的例子，那就是所谓的血汗工厂。也许纯粹从法律的角度来看，这类企业的作为也并没有什么不妥之处。但在实际的公司生活中，员工的利益可能完全得不到尊重或者任何多余的考虑。员工不过是最为简单的劳动力，不愿意干随时有人来替换你。这种氛围下，员工的士气普遍低落，甚至流失率达到相当高的水准。但只要有人愿意接受这份工作，企业就没有激励去提高员工待遇。

令人无奈的是，这种企业可能绩效非常优异。并不是你不让员工幸福，就注定没有好的经营业绩。好的经营业绩可能恰恰在很大程度上取决于有充分供给的廉价劳动力。

管理的幻觉
沉醉于臆想中的现实

相对典型的幸福企业

客观地说,在我们经常称道的幸福企业里,主要是以员工的幸福为改善企业经营业绩的手段,可能还谈不上以员工幸福本身为直接目的。比如,苏州固锝电子以孝道和家文化为基调的幸福企业构建,起初的一个重要动因是20%左右的员工流失率。大家觉得二极管生产线上的工作枯燥,报酬比预期的低,工作外生活单调苦闷,等等。通过以孝道为主题的社区构建,包括义工制度的建立和推广,员工有了更强的参与感和归属感,同时也在一定程度上改善和加强了员工和家人的关系。比如,某些员工的奖金一部分被直接寄给父母。"幸福企业计划"启动后,员工流失率一度曾下降到3%左右。

可以说,许多旨在增进员工幸福的措施,实际上是增强了员工对企业的责任感。比如,每一个特定区域的厂房清扫都可以落实到具体的义工人头上。这其实也是一种良好有效的控制机制,靠自发自愿的行为,而不是严格的规章制度。海底捞员工的自主决策权可以缩近他们与顾客的距离,更加贴切地为顾客服务,从而更好地为企业的盈利做贡献。而缺乏这种对员工的信任,则直接的结果是服务人员多一事不如少一事,谁也不主动去想办法帮助客户满足需求,只求自己不出错而已。

少数全面的幸福企业

再看鼓励创新的谷歌,对员工慷慨提供难以想象的优厚待遇,从高出同行企业的薪酬到各种免费的公司内现场生活服务,可谓将员工捧到了倍感尊崇、飘飘欲仙的境地。纵然如此,谷歌官方也没有声称要把员工的幸福当作企业的主要目标。企业的核心目标是通过工程师的创新性工作去改变世界,去解决人类面临的众多难题。善待企业员工,正是为了更好地帮助他们去实现企业的使命。最大限度地帮助他们解决衣食住行的后顾之忧,正是为了使他们能够全身心地投入工作中去,以企业为家,随时随地为企业做贡献。这一点上,谷歌对工程师的期望跟固镥对生产线员工的期望是类似的。

然而,工程师的工作和贡献,并不像生产线员工那样好测度。但总体说来,谷歌今日的成就,在很大程度上主要是来自当初创始人的技术发明和商业远见,以及后来高管团队的战略定位和业务开发。谷歌天才的工程师们,幸福与否,不过是执行任务而已。他们并没有创造出多少重大的技术发明或者造就若干崭新的强势业务。除了搜索以外的众多谷歌业务,基本上都是来自外部的兼并和收购,而不是内部自创。如此,说得好听一点,谷歌是把员工幸福当作增进企业绩效的手段。说得直白一点,其实是谷歌有钱任性,可以比较潇洒地善待其员工。从这个角度看,也许谷歌应该被划到"全面的幸福企业"这一类。虽然它没有明确地说,但它确实是把员工幸福本身当作其目的之一的。

另外,属于这种类型的幸福企业,还包括一些日本、瑞典以及其他欧美国家的家族企业或者拥有类似家族企业文化的企业。它们力求使自己的员工感到幸福,从而更加有效地进行工作。同时,员工幸福本身也是企业目标之一,而不仅仅是利润至上。另外,一些合伙人制的公司,比如咨询公司或者会计师事务所,主要人员自己既是老板,又是雇员,可能倾向于平衡企业的短期利益和长期利益,同时关照企业的经济利益和合伙人群体的幸福感与和谐感。

管理的幻觉
沉醉于臆想中的现实

幸福企业不是乌托邦

完全以员工幸福为目标，而丝毫不以之为手段去实现任何其他目标，这种理想状态，基本上是不可能出现的。即使偶尔出现，也难以持续存在。

首先，企业作为经营实体，自有其经济逻辑和竞争逻辑。企业员工，作为生产要素之一和经济活动的直接进行者，自然要受到上述逻辑的约束。无论其幸福与否，从某种程度上说，员工都注定是实现企业目标的手段。因此，员工，或者员工的幸福抑或幸福的员工，不是实现企业经营目标之手段的说法难以成立。

其次，放松对手段的明确意识和公开定位。也许在某些情况下，企业的终极决策者并不把员工当作手段，并且视员工利益为企业的主要目标。但这种乌托邦的状态往往只是昙花一现。没有足够的手段做保障，企业的经营绩效甚至生存本身都难以保证，也就没有实力去"以人为本"，满足员工幸福之目的。

比如，20世纪80年代的美国冰激凌企业 Ben & Jerry's，以社会责任著称，不仅关照社会上的弱势群体、关注巴西雨林的保护以及担当一系列的其他社会责任，而且奉企业员工为至宝，关怀他们的幸福，使其利益最大化。公司推行5比1的薪酬制度，最高工资享有者的工资总额不得高于最低工资的5倍。这种近乎平均主义的做法，应该说，从主观上讲真的是没有把员工当作手段。

然而，不幸的是，这种幸福企业的乌托邦理想好景不长。大多数员工确实很幸福。被两位大股东创始人聘来掌舵的CEO们（换了若干次）并没有多少幸福感。他们的待遇远远低于同类企业的掌门人。最终，该企业因经营不善而被联合利华收购。

也许，我们需要明白，幸福企业，首先得是企业，得在市场竞争中生存。无论是将幸福作为目的还是手段，没有企业之生存和兴旺，就不可能有企业中人之幸福。

（本文编辑修订版曾以"幸福企业：手段抑或目的？"为题发表于《清华管理评论》2016年第1—2期。）

管理的幻觉
Illusions of Management

惘　创　新

创新，乃是一种典型性的持续幻觉。我们以为自己在创新，在创造，但很可能终究只是偶然发现或者意识到某些早已存在的可能性而已。但我们仍然愿意相信，某些新鲜的甚或前所未有的东西，是被"我们"发现和促成的。到底是创造还是发现？这种思虑，使得创新过程更加神秘无常。不同的人感受到的是不同的幻觉和真实。

创业，乃是当下的时髦。然而，创业和创新似乎没有必然的联系。上个世纪，很长一段时间内，创业意味着小企业的创建和打理，各类夫妻店，日常小生意。直到硅谷的技术创业成为时尚，创业才跟创新直接挂钩。即使如此，大部分创业不过是低水平的重复。风起云涌，自生自灭。创新抑或创业，成功者寡，失败者众。此乃常识。

争相创业的人，往往是无视和践踏常识的人。虽然个别成功者能够造就奇迹，甚至修正我们的常识，但大部分人不过是追随自己一时的冲动和幻觉。一旦有了个别超常数量级的创业成功，就可能引发轰轰烈烈的效仿。潮流到来之际，通常也是疯狂地集体忘却和蹂躏常识的大好时机。一时间，大家似乎都跃跃欲试地要创业，仿佛创业成功的概率陡然增高。别人能成，我就怎么不能成呢？！

创新和创业成功毕竟是少数人的修为。如果谁都创新，谁也不新。这是常识，而非幻觉。但是大家偏偏就喜欢沐浴在虚惘的创新幻觉里，此所谓"惘创新"之意：佯装创新，貌似创业。前仆后继，乐此不疲。就像你去某些水边钓螃蟹，螃蟹每天被钓，新的螃蟹每天照常出现，创业者也会不断涌现。只是有些水域螃蟹多，有些地方螃蟹少。还可能是此一时，彼一时。

创新的虚惘

　　创新是一种精神和态度，也是一种修为和实践。虽然创新的具体成果之获得可能靠的是某种偶然的机缘，但这种机缘的遭遇可能需要长期不懈的持续投入和职业团队执着专注的努力追索。相比爱迪生等个体发明家呼风唤雨的时代，当代的创新已经成为制度化的实践，需要各方人士与机构的参与以及政府的大力支持。企业当是创新的主要执行者。长期投入和善用多方力量，乃是创新之必需。独自臆想取巧走捷径，往往自欺欺人，妄自虚惘。

药价暴涨是与非：美国的一例药价恶意暴涨案，引发了社会性的关注，也迫使我们对技术创新的诱因和激励进行深入的思考。垄断定价到底是鼓励创新还是阻碍创新？事情远非黑白分明般地简单。

在流通领域倒腾：缺乏技术源头的所谓创新，大多数是在流通领域内倒腾。这对潜在市场需求的满足以及既有创新的模仿和扩散自是大有裨益，但对于划时代的产品创新几乎束手无策、贡献匮乏。

激活创新的源头：对于在硅谷车库里就能产生影响全球的创新和创业，大家往往交口称赞、钦羡不已。我们应该意识到，硅谷创新背后的元技术，大多来自美国政府长期致力于支持的基础研究。

以并购驱动创新：以往的兼并和并购往往意在增进企业的规模经济和范围经济以及减轻来自对手的压力，新时期的并购通常以创新为驱动，通过并购获取新的人才、技术、产品和市场。

药价暴涨是与非

2015年9月17日,美国某医疗专业网媒Healio曝光了一封美国传染病协会与HIV医疗协会发给Turing医药公司的信函,质疑该公司为什么将一个自1953年就存在的药品Daraprim从每片13.5美元骤然涨价至750美元,涨价近55倍。霎时间,抱怨之声铺天盖地,希拉里和特朗普等两党总统候选人对此行径亦是严词谴责。肇事者Martin Shkreli,Turing公司的CEO,立刻成为全美国"最受憎恨的人士"。

事发整整3个月后,12月17日,Shkreli被捕(后由500万美元得以保释)。但被捕的罪名则是联邦调查局(FBI)有关他自2009年以来从事证券欺诈的指控。无论什么罪名,对于Shkreli的被捕,网民评论可谓大快人心,认为恶有恶报,这个贪婪的混蛋实在是罪有应得。然而,Shkreli和Turing的故事并非一个孤立的事件,其背后的法律、伦理、经济和政治因素错综复杂,值得管理决策者们思考和借鉴。

骤然恶性涨价的原委

现年32岁的Shkreli,于2009年创办了自己的对冲基金MSMB。他的主要财路在于做空那些产品在FDA审批过程中即将失败的生化企业的股票。2011年,他又创立了医药公司Retrophin,致力于开发治疗一些罕见病症的药物。2014年Shkreli被Retrophin解除CEO职务并离职。2015年

管理的幻觉
沉醉于臆想中的现实

8月,该公司状告 Shkreli 在任期间滥用公司资金以及采用违规财务操作,向其索赔6 500万美金。

2015年2月,Shkreli 创立 Turing 医药公司。他的战略主旨在于获取那些已经不受专利保护的药品的专卖权,重新定价,以期获得巨额利润。那些虽然专利失效却并没有仿制药出现的药物通常是针对比较罕见病症的细分市场,仿制药本身的费用可能很高,而且市场容量又不大,所以没人愿意进入。如果能够控制这种药品的分销渠道,提价将是可行的方案,因为没有来自替代品的竞争。

基于此项战略定位,Turing 在 2015 年 8 月 15 日以 5 500 万美元从 Impax Lab 手中获得 Daraprim 的所有权,并逐步收缩控制该药品的分销渠道。该药品可以用于帮助艾滋病和癌症等疾病患者治疗弓形虫病。这便是后来该药在一夜之间暴涨 55 倍的原委。

这位"万人恨"何许人也?

这位 1983 年出生于纽约布鲁克林的 Shkreli,年少时痴迷国际象棋和股票交易。16 岁高中未毕业,就进入华尔街对冲基金行业实习。后来又通过某些安排拿到高中文凭和纽约市立大学的学位。以做空股票见长,专注于生化和医药行业。曾经为他并没有完成学业的那个中学捐款 100 万美元。作为特立独行的年轻人,Shkreli 惯用社交媒体,行为奢华,言辞大胆。他积极投资在线游戏体育运动队 Odyssey eSports,并曾经在 11 月 24 日花费 2 万美元购买了纽约嘻哈乐队"武当帮"推出的全球只印一张的唱片《少林往事》。据说,他根本没听该唱片,而是把它当作啤酒杯子在桌子上的垫片。

在接受彭博社采访时,Shkreli 比喻道,如果一家企业正在用自行车的

药价暴涨是与非

价钱出卖阿斯腾马丁豪华车，我们把那家企业买下来，然后用丰田车的价格卖出去，我不认为这有任何罪恶。他还声称 Turing 拓展了自己的免费供药项目，他们的许多药品的价格接近每片 1 美元。即使是涨价的 Daraprim，患者自己掏腰包的钱也并不会很多。

但媒体报道称，事实上多数保险公司要求患者自付 20% 的药款，也就是每片 150 美金。诸多评论者据此推断，这种巨额涨价遭到势力强大的艾滋病患者群体以及保险公司的强烈抵制，同时也为新近推出的"奥巴马医保计划"抹黑，因为它大肆增加了该医保计划的成本支出，为纳税人造成了额外负担。

如何看待此次闹剧？

从竞争战略和商业逻辑来看，Shkreli 的这种做法可谓精妙。其手段在于收购那些产品价值被低估的企业，其主要目的则是获取经济利益。在对冲基金领域，这种通过炒作某些不起眼的股票而获利的做法，乃是常规战略。有些人认为，对冲基金的这种行为导致无谓的市场波动。有些人则认为，正是对冲基金的此种行为才导致了股票交易市场的效率和有效性，使得任何一个资产都尽可能地接近其真实的市场价值。

就实质而言，Shkreli 只不过是把他在对冲基金的投机手段应用到制药行业。长期而言，这种做法也许会帮助促使不同药品的定价回归到接近其真正市场价值的水平。这大概是能够为这种做法进行辩护的唯一的正面因由。但从价值创新来看，这种做法似乎并未激发任何原创价值或者价值增量的出现。除了自己盈利，对整个社会和消费者剩余并没有直接贡献。

从法律上看，如果政府没有法规明令禁止药品涨价，那么这种做法本身并不违法。Shkreli 最终由于他在 Retrophin 和 MSMB 对冲基金类似庞氏

管理的幻觉
沉醉于臆想中的现实

骗局的罪状被捕,这又留给人们足够的想象空间。有媒体宣称,Shkreli只不过是在玩华尔街上所有人都在玩的游戏,只不过是这次他玩得太大了!

显然,Shkreli事件的合法性缺失,主要体现于伦理道德方面。可以说,美国上下,从相关患者到医疗社区,从政府到民众,对于在病人身上大发横财的做法可谓恨之入骨,义愤填膺。截至2015年12月,来自美国30多个州的160多个组织呼吁Turing将价格恢复到9月份之前的水平。Turing则表示,可以给医院患者提供最多50%的折扣,但拒绝在零售市场降价。

启示

同仇敌忾之余,也许大家需要想一想,如果一种救人性命的药品只卖出一顿麦当劳巨无霸午餐的价钱,是否真正合理?谁还去拼命创新呢?最近,美国一种治疗丙型肝炎的新药已经买到1 000美元一天的剂量。不难推断,今后新药的初始定价将会更高。否则,后来再想涨,去哪儿找理由呀?不是等着挨骂受罚吗?

(本文编辑修订版曾发表于《中欧商业评论》2016年第3期马浩专栏。)

在流通领域倒腾

"未来已经到来，只是分布不甚均匀而已。"1993 年，美国科幻作家威廉·吉布森如是说。当时，美国的邮购业务（mail order）已经有一百多年的历史。而同期中国的邮购业务几乎尚未起步。大洋彼岸践行了一个世纪的商业模式，跟我们没有丝毫干系。1995 年前后，美国亚马逊和 eBay 相继上线，开启了全球电商新时代。仅在短短 5 年间，8848、易趣、卓越网等纷纷开业，电商（e-commerce）在中国陡然兴起，并迅速形成燎原之势。2014 年，阿里巴巴在纽约上市，造就史上估值最大的 IPO，标志着中国电商在全球占据领先主导地位。20 年前，美国邮购业务的标准条款是"请等待 6 到 8 周送货"。而在当下的中国，"上午下单，下午收货"已然成为理所当然的预期。我们不禁感叹：在电商领域，中国已经首先撞线未来。

未来：分布之前得首先出现在某个地方

未来，自然代表着某种新的状态，一种与老旧之过去和惯常之现今迥然不同的状态。进入未来，无外乎两种方式：一种是人类社会从未见过的某种新颖的状态在某些地方率先被营造出来；另一种则是别处已经出现的状态以不同的速度和规模被引入本地来。前者是所谓原创（Creation），后者是既有创新的传播推广和应用改进（Diffusion）。最近，彼得·蒂尔（曾经投资 Paypal 和 Facebook 的创业家和风投者）将前者形象地比喻为

管理的幻觉
沉醉于臆想中的现实

"从 0 到 1"的挑战，亦即从无到有，源头上的创新。之后的扩散，从 1 到 n 的若干倍放大（Scalable Amplification），则主要是应用层面的事情。虽然扩散传播的过程中也不乏产品创新和商业模式创新以及各类其他的派生性创新，但如果没有从 0 到 1 的概念基础和技术原型的出现，一切均是无源之水、无本之木。

精英：播种创新的源头

通过公司内部绩效数据分析，谷歌发现最优秀的技术人才和平均水准的技术人才之间的业绩差距可达 300 倍之高。这种分析为公司用最优厚的待遇去吸引和保留卓越人才提供了强大的说服力。而对技术天才宗教般的崇拜，多少也是硅谷企业间的共识，使得顶尖的工程师成为全球技术创新领域最受追捧的稀缺资源。这些人才是要解决从 0 到 1 的问题的。

当然，也有人对这种倚重精英的做法颇有微词。那些主张开源创新的人们就非常信奉大众和市场的力量，他们反对精英特权，反对大公司的技术垄断。推崇开源创新的埃里克·雷蒙德曾经把两种模式比作"庙堂和街市"。但即使是雷蒙德本人也不得不承认，原创的点子和元技术通常是来自代表精英权威的"庙堂"，而街市则通常在技术的改进（debug）和传播过程中贡献非凡。前人栽树，后人乘凉。前提是要有人栽树。众人拾柴火焰高。关键是要有人首先点火。

庙堂：引领未来的倡导者

没有美第奇家族的支持和倡导，很难想象佛罗伦萨的文艺复兴。没有斯坦福大学的存在，硅谷定然缺乏持续创新所赖以生存的研究氛围和基础技术。也许，大家只看到了资本的魔法和企业研发的力量在美国创新领域兴风作浪，或者只关注到硅谷的车库就能催生世界级的企业，但很少有人会去问，基础研究谁来做？企业的研发创新靠什么引领？硅谷的新技术到底从哪里来？

纵观整个20世纪，美国政府（尤其是军方）通过有选择和有重点地赞助和支持某些大型军工企业（比如航天、核潜艇、能源等领域）、高等院校、研究机构与各类智库，扶持了大批的基础研究项目，催生了从微波到纳米技术等众多的元技术以及影响整个世界的互联网。这些投资项目是市场本身无法主导和促成的。没有政府的支持，没有任何风投会去斥巨资资助没有明确商业回报的大型基础研究。所谓的顶层设计，不过如此。不一定事无巨细都由政府亲力亲为，但要有总体规划，知道钱向哪里砸，劲儿往哪里使。

赶超：只在流通领域倒腾？

对中国而言，改革就是要逐步增强市场化的成分和范围。这是基调和方向，没有问题。然而，市场不能解决所有问题，尤其是原创的问题。现今的世界，已经不是亚当·斯密当年以苏格兰手工业作坊为模板所勾勒的理想市场主义的图景。创新，需要政府的倡导和对基础研究的投入，需要大公司和相关机构的战略布局和通力协作。而市场所能解决的主要是传播和扩散。

如今，中国企业的创新，基本上是在流通领域。电商也好，在线游戏也好，就是通过互联网增进流通的灵活性和效率。要么就是非本行专业的人士用所谓的互联网思维去卖煎饼、肉夹馍、牛肉粉，抑或情趣产品什么的。没错，亚马逊和eBay也是从流通领域起家的。但美国企业界毕竟有

管理的幻觉
沉醉于臆想中的现实

元创新的源头。我们只是有庞大的市场，会迅猛地山寨，能够相当成规模地去拓展，甚至可以因此在总量上后来居上。

从 0 到 1，是一个巨大的挑战。盛极一时的索尼，来了又走了。他们在应用研发和产品设计与制造方面曾经有足够的创新，也很有追求，引得乔布斯也要前去围观。三星，2013 年总收入已经超过通用电气，不仅是全球第一大电子产品企业，而且是顶尖的综合性制造企业。原先三星一直在追赶，总是有西欧、北美、日本企业在前面引领。彩电、微波炉、芯片、显示器、手机，现在突然到了第一，前边没人了。怎么办？中国企业很快会面临同样的困境。我们只不过是影响了这一波"未来"的分布，我们能否造就和引领下一波的未来？

（本文编辑修订版曾以"'原创'未来"为题发表于《中欧商业评论》2015 年第 1 期马浩专栏。）

激活创新的源头

迈克尔·波特教授曾经写过一个关于诺基亚的案例，其中引用了某个人物的如此说辞：如果你在硅谷想创业，打开你家车库，一群VC（风险投资家）蜂拥而至。如果你在芬兰想创业，打开你家车库，三尺积雪封门！言下之意，硅谷是创业的天堂，各种创业要素云集：无数的创业者和企业家，众多大型的高科技企业，天使、风投、私募等各类投资机构，世界一流的大学、智库和研发机构，律师、咨询、创业辅导和孵化器等各种专业服务。用时髦的话说，这是一个生机勃勃的创业生态系统，遍布着各种创业平台，充满了无数创新通道。硅谷也自然成为各国创客举首仰慕和津津乐道的榜样圣地。中国的创客们对硅谷的崇拜和追捧更是直截了当、毫无遮拦。所谓的C2C（复制到中国，Copy to China），就是全面盯准硅谷，快速拿到中国，广泛模仿复制，以期后来居上。

一众人等在对硅谷青睐艳羡和赞叹钦慕的同时，往往也不免会捶胸顿足、愤世嫉俗一番：你看人家美国的创新多有活力，哪像我们这里，到处碰壁受阻、横遭掣肘。你听说过美国硅谷有什么发改委之类的机构吗？如此云云。

毫无疑问，民间基层的创意、资本势力的推动、市场机制的作用、生态系统的便利，为硅谷创新带来了无限的生机活力。政府的规制和协调，确实没有像中国发改委或者日本通产省对待产业规划那样全面和直接。除

管理的幻觉
沉醉于臆想中的现实

对创业者提供基本的产权和法律保障之外，政府的作用在硅谷的日常生活中似乎难以察觉。然而，在没有所谓发改委的硅谷，政府果真那么悄然无为吗？民间基层的创新跟政府的作为真的没有任何干系吗？创新是纯粹自发的市场行为吗？

事情远非如此简单！试想，如果没有各类元技术的创新和突破，硅谷创新的技术基础来自哪里？几个技术天才或者商业天才在自家车库里凭空臆想就能成功创业吗？

纵观历史，在整个20世纪，美国的重大技术创新，大多源于政府主导的基础研究，尤其是与军事技术和军事工业相关的研究。雷达、激光、夜视、卫星、通信、计算、超导、核能、航空、航天、数码成像、纳米技术等多种技术领域之发明与突破背后的基础研究，还有线性规划、博弈论、社会网络和学习型组织等自然科学和社会科学的基础理论，以及至今影响遍及人类社会各个角落的互联网之最早雏形（ARPANET）等，都与美国政府（国防部、能源部、海军研究署、航天航空总署等部门）直接或间接支持的军事研究项目密不可分。

类似硅谷的地区和各种机构，不过是在技术的商业化应用上取得了重要成就。如果没有美国政府支持的基础研究，硅谷创业便将缺乏源头活水，盛世难再，举步维艰。

以技术创新源头的基础研究为切入点，本文着重介绍美国联邦政府的资助在硅谷（以及类似研究基地）创新中不可或缺的作用，强调政府对基础研究之笃实信奉与大力支持的重要性，并呼吁政府为中国企业的未来创新打下坚实的源头基础。

激活创新的源头

元技术创新乃是美国商业创新的源头

我们必须清醒地认识到，基于基础研究的元技术创新乃是美国各个领域里商业创新的源头。以硅谷为例，斯坦福大学的微电子研究和加州大学伯克利分校的高能物理研究，甫自二战之前就一直得到美国政府的强力支持。硅谷的其他重要研究机构还包括能源部下属的劳伦斯伯克利（Lawrence Berkeley）国家实验室和劳伦斯利佛莫（Lawrence Livermore）国家实验室。2000—2010年间，前者直接催生了三十多家新创企业。

惠普等高科技公司在其早期的发家历程中在很大程度上直接受惠于军方研发项目的支持。在太空研究领域，硅谷亦是受惠于联邦政府的大力支持。美国著名军火商洛克希德公司的导弹和太空业务部曾经是硅谷最大的雇主。当然，像施乐公司PARC那样的企业研发机构也对硅谷创新贡献卓著，比如PARC在个人计算机方面诸多基础应用技术的发明。

除了硅谷，波士顿128公路区域以及北卡罗来纳的"研究三角区"也都是由基础研究和元技术驱动商业创新的典范。麻省理工学院师生们以及相关人员和机构所创办的企业遍及波士顿市西部的128号公路两旁。作为一家私立大学，麻省理工学院70%的研究经费来自联邦政府的各种资助。

同样，北卡的"研究三角区"也是由世界著名的研究型大学和顶尖的高科技公司坐镇主导。广泛接受政府研究项目资助的杜克大学和教堂山北卡大学提供了超强的智力集聚。IBM和思科等高科技公司以及著名的医药企业葛兰素等共同增强了该区域研发与创新的商业氛围。

说到所谓的"三角"，可以说，军方等政府机构、大学等研究机构，以及承担政府项目的相关企业，共同构成了美国创业和创新的"铁三

管理的幻觉
沉醉于臆想中的现实

角"。无论是在硅谷、波士顿、北卡,还是其他区域,这种"铁三角"所催生的元技术为一代又一代的美国创业者提供了源头活水。企业家和新创企业的最大贡献,在于将各种元技术在不同产业领域内进行创造性的商业化应用和扩散推广。

基础研究与元技术创新:美国的经历

海军研究实验室

两次世界大战中,与军工行业相关的技术发明和应用带动了美国多个行业的创新和发展。1915年,发明家爱迪生进言美国政府,呼吁成立一个国家级的实验室来统一规划重大军工课题和海事技术的集中研究,从而节省成本并提高效率。

1923年,美国政府最早的研发机构"海军研究实验室"(Naval Research Laboratory)成立,主要为海军和海军陆战队服务,涉及基础研究、应用研究和技术开发等重要研发领域。

它关于潜艇动力的原子能研究起始于1939年。在其后直至二战结束的6年里,它对铀技术的研究为"曼哈顿计划"和1945年的原子弹爆炸起到重要作用。

海军研究实验室也曾经是美国太空技术领域一个至关重要的研究基地。它在人造卫星的设计、制造和发射方面的贡献促成了1958年1月美国第一颗人造卫星"探险者号"的成功升空。

如今,该实验室主要的研究领域包括材料科学、海事地理、海洋气象、海洋声学、高级无线电、检测与感应技术、计算机与人工智能、自动化系统、定向能技术、电子战争技术等。

这里的许多技术发明后来都成为美国乃至全球各个相关产业的主流应

用技术，影响远远超越其最早的军事用途，比如该实验室在20世纪20年代发明的现代雷达技术在众多的通信与监测行业得到广泛应用。现代复合润滑剂的研究从军用航空惠及整个民用航空业。

该实验室两位物理学诺贝尔奖获得者的工作，用X光衍射技术分析晶体结构，使得制药业能够更加精准地对物质成分进行分析。它在计算机领域的技术突破，也对现代IT行业深具影响。比如，"洋葱路由"已经成为当代网络匿名沟通的技术标准。

国防高级研究计划署

二战之后，另外一个重要的军方研究机构迅速成为美国联邦政府支持基础研究的主力军。那就是1958年2月成立的美国国防部"高级研究计划署"（ARPA）。

在1958年至1965年之间，该机构的研究重点聚焦在与国防息息相关的太空、弹道导弹和原子能技术。同时，该机构还资助了大量的计算技术、行为科学以及材料科学的研究，在雷达、红外线感应、X射线和伽马射线探测等领域做出了重要贡献。

1959年，ARPA与约翰霍普金斯大学的科学家合作，推动了全球定位系统的研究，为现代的GPS技术打下了早期基础。

20世纪70年代，ARPA更名"国防高级研究计划署"（DARPA），通过与麻省理工学院、贝尔实验室和通用电气等机构的合作，在信息处理技术方面取得了重大进展。DAPRA还资助了人工智能、语音识别、机器人和超媒体（Hypermedia）等领域的相关研究。

自20世纪80年代以来，航天技术、卫星技术以及潜艇技术一直是其关注的重点。最近几年，DARPA的研究项目开始瞄准星际旅行的可能。

也许，这个机构最为著名的成就和贡献是它的ARPANET（国际高级

管理的幻觉
沉醉于臆想中的现实

研究计划署内部网络）催成了互联网的诞生。没有 DARPA 的早期探索和支持，如今蓬勃发展的互联网也许仍然只是一种潜在的可能性。

能源部国家实验室

美国能源部是联邦政府资助基础研究的另外一个重要机构。其最令人瞩目的大概是遍布全国各地的"国家实验室"（National Labs）。比如，Los Alamos 国家实验室曾经在二战期间由于执行"曼哈顿计划"而成立，由罗伯特·奥本海默执掌。出于保密的原因，它坐落在新墨西哥州的沙漠地带。这些著名的实验室构成了在全球范围内都堪称规模宏大的研究机构体系。

美国能源部给这些国家实验室的资助将近一半用于物理、化学和材料科学的基础研究。有的国家实验室由民间企业代为管理，比如坐落在田纳西州的 Oak Ridge 国家实验室。有的则由研究性大学托管，比如上述的 Los Alamos 主要属于加州大学伯克利分校。可以说，国家实验室的存在，也是代表和见证军方、学界和企业"创新铁三角"的生力军。

非军方政府机构

除了军方对研发的直接主导和参与，美国政府也着意于重大技术研发的产业化和商业化应用。1958 年，与国防高级研究计划署同年成立的美国航空航天总署（NASA）便相对淡化军方色彩，强调其民用意图。从阿波罗登月计划到太空站和航天飞机，NASA 推动了与太空技术相关的一系列行业的技术研发与应用。

1950 年，美国自然科学基金会（NSF）成立，成为军方之外政府对基础研究的主要资助机构。它对大学等研究机构基础研究的资助占整个联邦政府该类资助的大约 20%。2015 年，NSF 的整个预算是 73.44 亿美元。

成立于1930年的美国健康研究署（NIH）则致力于对医疗研究的资助，其2015年预算达到300亿美元。

企业研发机构与智库

除了国家实验室之外，美国政府也积极资助私营企业的研发实验室。比如，当年美国电报电话公司著名的贝尔实验室，成立于1925年，曾经被公认为企业内部研发机构创新的典范。这家实验室先后出过8位诺贝尔奖获得者，其技术创新影响了诸多行业的发展，比如这里发明的晶体管、燃气激光、Unix系统、C和C++编程语言等。

另外，一些智库机构也能得到政府的研究资助。比如，著名的兰德公司，原来曾是军用飞机制造商Douglas公司的实验室，后来独立成为一个非营利性质的智库。兰德公司在冷战期间对博弈论和行为科学的研究做出了重大贡献。

投资基础研究乃是政府义不容辞的责任

政府对于基础研究的支持难以替代

针对创新，美国联邦政府的远见在于对基础研究之重要性的清醒认识和持续承诺。迫于生存和盈利的压力，没有任何一家企业具有足够的激励以及资金实力去投资或致力于进行那些风险极高但可能具有突破性贡献的基础研究。显然，这些基础研究在短期内通常没有直接的经济回报，并且需要持续不断地进行投入。只有政府有这样的实力、权威和必要的耐心（基于国家的长久根本利益）来主导这样的研究项目。因此，对于基础研究的支持乃是政府义不容辞的责任。

整个20世纪，美国政府在全球各国政府中做出了表率作用。在1990

管理的幻觉
沉醉于臆想中的现实

年至2011年的二十多年间,在所有对基础研究资助来源的资助总额中,联邦政府的资助高达50%—60%(参见图1)。值得注意的是,最近几年的政府资助力度略有下降。因此,美国政府的作为,不仅应当成为我们学习的榜样,也应该为我们敲响警钟。毕竟,把本应由政府主导的对基础研究的资助下放给任何企业和机构,都可能会由于短期业绩指标的压力和缺乏规模经济等原因而减损其有效性。

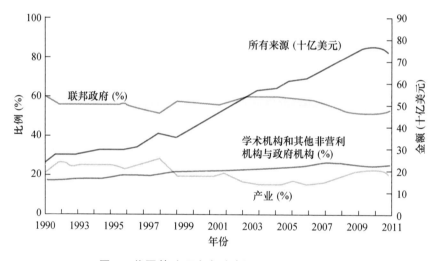

图1 美国基础研究自助来源(1990—2011)

资料来源:SEI 2014。

政府政策应该鼓励技术创新的商业化

政府不但要积极投资基础研究,而且要通过其各种政策去敦促技术的商业化传播,增进其外部性收益,使得技术创新最大限度地为社会和经济发展做出贡献。比如,在20世纪80年代,美国联邦政府曾修改相关的专利和商标法规,使得大学可以获取技术专利,即使这些专利所基于的技术研究来自政府的资助。这种政策,使得私人资本可以更加有效地进入技术

激活创新的源头

创新领域，与大学和相关人员合作，加快和拓展技术创新商业化的进程。

政府慷慨出资资助，而又通常不直接参与研究项目，不坚持拥有研究结果的所有权，这是非常值得我们借鉴的。无论你是在硅谷创业的斯坦福教授，还是活跃于波士顿 128 公路附近的麻省理工学院创业人员，由于政府政策的支持和鼓励，加上知识产权以及相关司法制度的保障，你可以比较放心大胆地投入基础研究的商业化应用，而不用担心背上"国有资产流失"或者"侵吞集体知识产权"的罪名。中国政府在这方面的借鉴和改进，无疑将极大地刺激高校研发人员的创业激情。如此，中关村才能更像创新成果辈出的硅谷，而不是现在到处充斥着等待拉货的小面包车的大卖场。

支持基础研究应该是国家战略的一部分

回到我们开篇面临的问题，为什么硅谷或者波士顿能够持续创新。显而易见，无论是谷歌还是 Facebook，它们的成功崛起，有赖于新的计算技术和网络技术的出现，而不只是在现有技术和产品上的改进。日本企业，在 20 世纪后半叶火了好一阵子。后来很多原先的当红企业逐渐淡出主流，或者从消费者产品市场转战 B2B 市场。比如索尼，缺乏风靡全球的明星产品，风光不再。

韩国企业，在过去的 20 年间也是突飞猛进，现在似乎也遇到了创新瓶颈。比如三星电子，销售额超过了通用电气、苹果、飞利浦等它过去所有对标的对手。前面没人可以学习和赶超了。该你自己解决所谓的从 0 到 1 的问题了，而不只是从 1 到 n 的改进、拓展和推广了。

而日本企业和韩国企业所倚重的开发投入和应用研究的投入很难从根本上解决基础研究要解决的从 0 到 1 的原创问题。三星现在大力推进它在硅谷的出现和作为，并不只是看中那里的车库，而主要是那里集聚的由基础研究所创造的元技术和潜在的可以规模化（Scalable）的应用技术创新。

管理的幻觉
沉醉于臆想中的现实

继日韩企业之后，中国即将面临同样的问题。一方面，我们可以与日韩企业竞争，看谁从硅谷拷贝得快。我们的国内市场容量是日韩企业在各自本国市场所望尘莫及的。中国企业的模仿能力应该不差于日韩企业。中国游客到日本购买马桶盖的问题好解决。技术好复制，有顾客愿意付高价、有厂家愿意认真做就行了。即使是像高铁那样的应用技术整合创新的问题，我们也能搞定。

然而，在大国崛起的进程中，涉及生命科学、信息技术、人工智能、航空航天等需要长期基础研究的投入才能在技术源头上创新的领域，就不是可以很快赶超的节奏。需要积淀，需要坚持。这种耐心的积淀和坚持，正是政府需要担当的。

没有捷径，没有替代。过去说，造船不如买船，买船不如租船。这是纯粹商业逻辑。人家不卖给你怎么办？尤其是高科技产品。记得巴统协议吗？这是国家战略逻辑。

结论

中国的"两弹一星"和最近获得诺贝尔奖的青蒿素项目，都是在科技领域里由政府主导集中精力办大事儿的精彩案例。这是政府积极作为的表现。虽然它们是在特定时期的特殊作为，但其结果对整个社会经济的发展带来了良好的推动作用。

如今，在向市场经济转型的过程中，政府并不一定要直接亲自参与众多的研发项目或者开发过程。大学、科研机构、智库、企业等多种参与者当是技术创新的主体。但政府在基础研究上的资金承诺和政策支持不可或缺。否则，全民创新和万众创业只能是在流通领域内折腾，不可能在新技术和新产品上对世界有所贡献。说白了，大学生创业开网店，或者用所谓的互联网思维卖煎饼果子、肉夹馍或者酸辣粉什么的,跟美国硅谷之类的创业创新相距甚远。

最近,在2015年的《美国新闻和世界报道》的全球工程类大学的排名中,清华大学一举超越麻省理工学院,高居全球第一。该排名主要看重各个大学在全球主要学术期刊上发表的文章数量。无论是清华、浙大还是哈工大,我们的论文发表数量是有了,但我们论文的被引用率却远远低于美国顶尖的大学。引用率越高,越说明是原创或者是关键贡献,类似于本文所一再强调的基础研究、源头创新。其余的所谓应用研究或者开发项目,很可能只是无谓的低水平重复。

不过不要紧,我们无须沾沾自喜、自欺欺人,也无须低三下四、妄自菲薄。我们需要的是不懈的坚持,不断提升我们的原创力。有了足够的量,总会有一些突破的。其间浪费和走弯路肯定是会有的。这是必要的代价。这一关无法逃避。政府要有远见,要有耐心。学界要有自律,要有自尊。创业者和企业家要能折腾,快速将技术潜能转化成商业应用。让我们为中国的创新加油!

(本文编辑修订版曾以"激活创新源头"为题发表于《清华管理评论》2015年第12期。)

以并购驱动创新

并购爱好者们请注意：大多数并购案以失败告终！

迈克尔·波特在其1987年发表于《哈佛商业评论》上的文章中将并购失败的概率估算为60%—70%。波特应用的粗略指标，是被兼并的业务在5年或者10年之后又被剥离的比例。其结果表明，并购后又被卖掉的业务的数目远远高于被保留下来的数目。除了参与交易的律师与投行获益不菲之外，总体而言，大多数并购案并没有为股东带来价值回报。

进入21世纪，最新的研究结果更是令人沮丧。在2012年发表于《哈佛商业评论》的一篇文章中，克里斯滕森与其合作者声称"一项又一项的研究"表明：并购失败的概率可能高达70%—90%！

如果上述结果可信的话，那么我们必须面对一个令人困惑不已的问题：既然并购的失败率如此之高，为什么全球范围内的兼并风潮依然汹涌澎湃、此起彼伏？

究竟是管理者一如既往地集体愚蠢，还是研究者一厢情愿地片面指摘？并购（Merger & Acquisition，合并与收购，以下统一简称"并购"），作为一个公司层面的战略选择，其成败的判定标准到底应该是什么？

如果我们无从知晓企业经营者进行并购的真实动机与具体预期，而只是用某些一般性的和标准化的财务指标抑或其他外在的表象来审视并购绩效，也许无异于隔靴搔痒，可能最终不明就里。

如此，"大多数并购都失败"这样的断言和警示，又似乎显得有些危言耸听。莫非旁观者迷,当局者清?

谷歌倒手摩托罗拉移动:成也败也?

我们不妨看一下新经济中的企业翘楚谷歌的并购实例。2012年,谷歌以125亿美元收购摩托罗拉移动通信业务。2014年年初,谷歌宣布以29.1亿美元的价格把该业务出售给联想。一进一出,赔了近100亿美元,而且谷歌治下的摩托罗拉移动两年的经营损失也高达20亿美元。按照波特的标准,这项并购乃是不折不扣的失败!

然而,事情并非如此简单。谷歌吸纳了摩托罗拉账上近30亿美元的现金,又获得了10亿美元左右的税收减免,2012年年底出售摩托罗拉的机顶盒业务又进账23.5亿美元。关键是,谷歌保留了摩托罗拉移动最有价值的资产——估值在55亿美元的专利。单从数字本身来看,此次倒手的损益至少也是账面持平。

更为重要的是,谷歌高层很清楚他们想从摩托罗拉得到什么。坐拥摩托罗拉的专利宝库,谷歌为其主导的安卓系统提供了强大的技术支持与法律后盾。短暂地介入智能手机制造业务,在移动互联网环境下给谷歌提供了一个良好的机会去推广其最核心的搜索和地图等APP服务,从而进一步创造和拓展其赖以生存的广告收入。

试图拯救摩托罗拉的手机业务,在安卓阵营内对一家独大的三星启动了一种潜在的制衡。而适时退出手机制造业务,又向三星等其他硬件制造商表明谷歌不会在终端业务上与其争利。而找到联想这样擅长规模化量产制造的买家,也有助于进一步促进整个安卓系统在智能手机操作系统市场上的全球份额。以此观之,谷歌对摩托罗拉移动业务的兼并与剥离,可谓一举数得。从战略定位的角度来看,此次买卖亦是非常符合谷歌的使命特

管理的幻觉
沉醉于臆想中的现实

点：重视对技术的获取。一切为核心的广告业务服务。

并购的新动机：促进创新

是否达到企业经营者预期的目标，乃是检验企业经营活动成败的一个重要指标。因此，了解企业并购的动机本身是考察并购案的一个至关重要的基点。到底是追求规模经济还是范围经济？是获取资源与能力还是获得产品和市场？是追求成长和利润，还是更新其主导商业模式？是跟风模仿、资本运作，还是满足经营管理者的个人私欲？

这些常见的并购动因，仍然以各种方式导致并购案接连不断地发生。然而，无论是同业并购还是跨行业并购，与以往传统的并购案不同的是，新时期的并购通常是以创新为主要出发点的：（1）通过并购进行战略布局：拓展新兴业务，打造生态系统；（2）通过并购拥抱新的商业模式；（3）通过并购获取新的技术；（4）通过并购获得创新型人才。

事实上，在所谓的互联网时代，行业的定义本身也正在不断受到冲击和颠覆。比如互联网金融，马云放言说，如果银行不改变，我们就去改变银行。传统银行练的是太极拳，余额宝使用的是冲锋枪。可以想见，如果通过收购等方式可以让传统银行与马云一起练太极拳，大概也没必要直接血腥地诉诸冲锋枪。因此，有关阿里巴巴拟收购某某银行的各类传言，也许并非完全空穴来风。

如果我们以创新的视角来审视并购，那么很多的跨界并购便显得顺理成章，而不再扑朔迷离。无论是互联网企业做金融、做O2O，还是收购影视媒体，国内以BAT（百度、阿里巴巴、腾讯）为代表的新经济企业当今之诸多并购举措，无不以创新来破题立意。

在全球的高科技领域，时下的技术创新，尤其是微创新，很多是由小公司倡导和实施的。而可规模化的业务创新和战略创新，则通常是由大公司通过在适当的时机购买正确的小公司而实现。微软曾经深谙此道。谷歌如今后来居上。老牌的苹果以及新兴的 Facebook 和 Twitter 等，都是谷歌在"技术购买"和"创新购买"市场上的强劲对手。

在新时期，如果我们不拘泥于传统的财务指标，而是从创新的角度来考察并购案的成败，我们的评判标准也许会更加贴近实际。难怪，依据普华永道 2014 年针对硅谷企业高管调查报告的结果，76% 旨在获取创新的并购达到或者超过了预期。

并购式创新：来自谷歌的实践

创新无外乎两个源泉：一是自己做，二是外边买。在谷歌，两种方式齐头并进，互为补充。收购来的企业，可以补充或者提升谷歌现有的业务，也可以作为新业务的种子，然后在谷歌内部进一步发展壮大。因此，对于某一个特定的技术或者业务而言，究竟是自主创新还是开放创新，其实很难完全区分开来。

大而言之，在快速发展的互联网时代，一家企业完全自己闷头闭门创新的模式，已经不再是公司可持续发展的主要方式。凭借自己的初始创新成为某个领域的主导物种的企业，自然地会去扮演平台搭建者或者总体架构师的角色，按照自己的构想去打造其生态系统。在这个大背景下，兼并与收编新兴企业乃是技术与业务创新不可或缺的手段和方法。

跟微软、思科、雅虎等任何一个曾经代表其时代主流的高科技公司一样，如今的谷歌也是大肆收购各种具有潜力的创业公司，通过有选择的并购进行战略布局，围绕其搜索业务打造自己主导的生态系统，染指新兴的技术和业务领域，寻求新的增长空间。迄今为止，谷歌已经并购了将近两

管理的幻觉
沉醉于臆想中的现实

百家企业，最近两年的并购步伐更是日益加速，平均每周兼并一家企业。谷歌的创新来自哪里？也许外人难以得知，抑或根本不去在乎。

其实，包括谷歌地图等众多的"谷歌业务"，都是由外部购买而来的。这些被收购的对象，有些被迅速地融入谷歌的现有架构与业务单元之内，比如 DoubleClick，被吸收到 AdSense 业务内；有些则相对独立，比如视频业务 Youtube 的运营；有些则着眼于未来的新兴业务发展，比如研发家居自动化的 Nest Labs（见表1）。

表1 谷歌重要并购案概览

兼并时间	兼并对象	兼并金额	进入谷歌相关业务领域
2004	Where 2	1 000 万美元	Google Maps 地图业务
2004	Keyhole	3 500 万美元	Google Earth 地图业务
2005	安卓系统	5 000 万美元	手机与移动业务
2006	Youtube	16 亿美元	视频业务
2007	DoubleClick	31 亿美元	AdSense 广告业务
2007	Postini	6.25 亿美元	Gmail 谷歌邮件
2009	AdMob	7.5 亿美元	移动广告业务
2010	ITA	6.76 亿美元	航空旅游服务
2011	摩托罗拉移动	125 亿美元	手机与移动业务
2012	Meebo	1 亿美元	Google Hangouts 社交
2012	Wildfire Interactive	4.5 亿美元	Google + 社交媒体营销
2013	Channel Intelligence	1.25 亿美元	Google Shopping 网购
2013	Waze	10 亿美元	Google Maps 地图业务
2013	7 家机器人企业	不详	Google X 未来业务部
2014	Nest Labs	32 亿美元	家居自动化与物联网
2014	Stackdriver	不详	Google Could 云计算
2014	Skybox Imaging	5 亿美元	Google Maps 卫星业务
2014	Dropcam	5.5 亿美元	Nest Labs 家居录像监控
2014	Appurify	不详	Google Cloud 移动云

资料来源：作者根据谷歌官方信息以及其他公开信息整理。

以并购驱动创新

并购与战略布局

无论是其自主研发还是外部并购，谷歌的创新都服务于其总体战略布局。而其总体战略布局，其实是具有比较清晰一致的逻辑主线的，那就是千方百计地使人们尽量多地使用网络、使用搜索、使用谷歌的应用和服务。对所有业务与创新的最终检验也许只有两个：是否符合公司使命？最终能否从中获利？至少，在以提供有用信息为使命的大前提下，谷歌的布局还是相当有自律和结构性的。2007年，时任谷歌CEO的施密特曾经说道："第一步是要做到无处不在，然后才是收入问题。如果你能构建持续地吸引眼球的业务，你总是能够发现明智的方法去从中盈利。"显然，要做到无处不在，必须借用外力，抢占地盘，全面布局。如此，并购乃是必须。

在战略布局的最核心层面，以AdWords和AdSense为中心的谷歌广告业务是谷歌安身立命的根本。2012年谷歌的总搜索次数达到1 874万亿次。2013年，谷歌在美国的搜索市场上占据67%的市场份额。这些业务构成广告收入的中坚实力，一直为谷歌贡献90%—99%的收入。2007年和2008年，广告收入分别占到谷歌总收入的99%和97%。在移动广告业务上，30万APP为谷歌服务。2013年，其386亿美元的收入，占全球在线广告收入的33%。第二位的Facebook，只占到64亿美元。2007年对DoubleClick的兼并，主要意图在于巩固谷歌在核心业务上的竞争力。2009年对AdMob的兼并，更是旨在推进谷歌在移动互联网上广告业务的创新。

在战略布局的第二层面，谷歌需要能够为其核心搜索业务带来导入流量或者用户信息的那些直接相邻的外围业务，从而吸引用户、稳固疆土。于是，一系列创新性的服务便应运而生，如大储存空间的邮箱、文档处理

管理的幻觉
沉醉于臆想中的现实

工具、浏览器、地图、视频、照片分享服务等等。这些免费的服务既为用户提供了各种便捷，也使得谷歌可以从中获取用户信息，从而更加准确地、有针对性地投放广告。可以说，这些业务都是广告业务的药引子，旨在增加谷歌生态系统中的用户数量，延长他们的逗留时间，增加他们的访问频率。除了少数业务依靠谷歌内部自主研发之外，有计划、有选择地并购新兴企业，为谷歌在这一层面的战略布局贡献卓著。

2004年，以收购的Where 2和Keyhole为基础，谷歌推出了Google Maps和Google Earth等广受欢迎的地图搜索服务。2013年以10亿美元收购的实时路况分析企业Waze，仍然是要增强谷歌地图业务的创新能力，并为其未来的无人驾驶汽车业务提供坚实的信息支持。2004年推出的Gmail给用户提供了1G的存储空间，而当时主流的Yahoo Mail与Hotmail都只提供2M到4M的空间。这种服务创新为谷歌赚足了眼球和人气。2007年对通信安全专家Postini的并购进一步提升了Gmail系统的性能和安全保障。2006年对Youtube的收购，使得谷歌在视频业务上占据优势地位。在过去的十几年间，谷歌通过多项并购，先后涉足社交、网购、云计算等多种业务领域，为其核心业务效力服务。

战略布局的第三个层面，是面向未来的创新。任何引领潮流的高科技公司，在其某些发展阶段，都可能会突发奇想，搞些莫名其妙的东西，企图拯救世界，造福全人类，热衷于做些极为冒险但又有可能获益巨大的"射月项目"。于2010年成立的Google X实验室，其使命是在现有核心业务之外，探索在未来具有潜在重大影响的技术。仅2013年这一年内，Google X实验室就一口气兼并了7家公司，大举进入机器人领域。当然，有些未来项目则相对比较接地气。2014年年初，谷歌以32亿美元对家居自动化（温度控制）企业Nest Labs的收购，是谷歌历史上仅次于兼并摩托罗拉移动的第二大并购案，标志着谷歌对新兴的物联网世界的介入。谷

以并购驱动创新

歌要当你的管家!

并购与商业模式创新

在移动互联网成为时尚之前,谷歌就已经开始其移动布局,为其核心的搜索与广告业务拓展领地。谷歌的路径异常清晰,就是要把以搜索为主导的广告业务搬到开放的移动互联网上。以此为主题,2005年7月,谷歌收购安卓,并保留了其创始团队。2007年11月,谷歌加入OHA(开放手机联盟),将开源的安卓作为完整的操作系统推出给所有愿意使用该操作系统的手机开发和制造商。OHA起初有34个合作伙伴,包括电信运营商、芯片与手机制造商、应用软件开发商等。中国移动、T-Mobil、英特尔、摩托罗拉、高通、HTC和三星等,均是联盟伙伴。2008年,与T-Mobil合作,谷歌推出了第一款安卓智能手机G1。2010年,谷歌推出了自己的Nexus手机。2012年,安卓手机的总出货量超过5亿只,安卓操作系统占据全球70%以上的市场份额。几乎所有的安卓装置都与谷歌的搜索、地图、Gmail、Youtube等应用和服务相连接。

可以说,谷歌对于安卓的收购,符合我们前面阐释的与并购相关的所有创新意图,从战略布局筹谋到商业模式创新,从核心技术的掌握到创新人才的获取。首先,通过这项收购,谷歌构建了进入移动互联网世界的通道,为其在移动互联网时代的战略布局打下坚实的基础。其次,这项并购也催生了智能手机业务的一种新兴商业模式,一个开放的业务生态系统。再次,通过并购安卓,谷歌得到了智能手机系统的关键技术,从而得以与后来的苹果iOS分庭抗礼。最后,通过并购,谷歌获得了安卓团队的关键人才。

仔细观察,也许谷歌收购安卓的最大亮点在于商业模式的创新。在

管理的幻觉
沉醉于臆想中的现实

PC 时代，IBM 的开放系统（微软操作系统）与苹果电脑的封闭系统代表着两种不同的商业模式。在移动互联网时代，不同商业模式的竞争再次重演，只是此次与苹果对阵的选手，由微软变成了谷歌。谷歌基于安卓系统所推动的这项开放手机联盟合作，为全球亿万用户释放了移动技术的潜能。这种开放的商业模式，意味着谷歌将众多的手机制造厂商和 APP 开发者引入谷歌的生态系统，并保证了自己在此生态系统中的核心地位。同时，谷歌得以更新它在移动互联网广告业务上的商业模式。2008 年，谷歌 CEO 施密特如此评价：

> 这种移动世界新鲜的创新方式将会改变人们在未来获取和分享信息的习惯。这项合作比任何谷歌手机本身都要更加雄心勃勃。我们的远见是，我们的开放平台将驱动成百上千的手机类型……最终我们从移动业务上赚得的钱将会超过在 PC 上的收入。主要原因是移动环境下，目标更为精准。想想看，你随时随地带着你的手机。它知道你的所有一切。我们可以提供目标非常非常精准的广告。逐渐地，我们将在移动广告业务上赚更多的钱。

并购与高新技术获取

显然，高科技企业之间的并购，一个主要的原因，是获取自己所急需的技术、先进的技术、代表未来趋势的技术。微软对 QDOS 的收购，成就了其在 DOS 业务上的霸主地位，其后的 Hotmail 和 IE 等创新产品也在很大程度上依赖于外购的技术。思科更是技术并购和业务整合的高手。作为一家以工程师文化著称的公司，谷歌对技术更是顶礼膜拜、尊崇有加，视技术创新为解决人类面临所有重大问题的终极手段。从表 1 所列出的谷歌重大并购案，我们可以看出，谷歌的所有并购，几乎都是以技术为主要导向的。被兼并的公司都拥有当时最为前沿的或者独特的技术。正是以这些技术为基础，才促成了新业务的诞生以及商业模式的创新。

反观我国企业的并购，以资源、渠道、关系、拍照等为主导动机的交易仍然颇为盛行，以获取前沿技术为主旨的并购则相对罕见稀缺。当然，我们拥有原创技术的企业本身数目也甚为稀少，因此缺乏足够的可兼并对象。在这种大背景下，放眼全球，积极走出去发现并收购具有技术潜力的新兴企业不失为促进国内企业技术创新的一个跳板和契机。比如，最近北汽新能源汽车对于 Atieva 的股权收购，便是着力于对电动汽车核心技术的掌握。Atieva 公司技术团队中主要工程师曾参与过 Tesla Roadster 纯电动跑车以及奥迪 R8 纯电动跑车的开发。此项并购将助力与北汽新能源电动车的技术保障与升级。

并购与精英人才获取

当然，所有创新背后的关键因素是人才。因此，毫不奇怪，某些并购的主要目的是获取被兼并企业的人才。最好的结果，当然是像谷歌兼并安卓那样人才与技术同时获得。但也有一种情形，并购的唯一目标就只是获取锐意创新的精英人才。关于以获取人才为主要动机的并购，请参阅本书"硅谷的人才购雇"一文。兹不赘述。

旨在创新的并购：自律与警示

纵观谷歌十余年来的并购历程，在战略布局、商业模式创新以及技术和人才获取的主线下，有几个显著的特点，深具启发意义。首先，超高的市值使得谷歌财大气粗、实力雄厚，可以相对从容地挑选并购对象并提供

管理的幻觉
沉醉于臆想中的现实

良好的出价和待遇。其次，硅谷以及全球的许多创业企业，其梦想本身就是被大企业收购，这为谷歌等大公司提供了良好的备选方案，使它们能够像风险投资家一样去挑选和培育适合的未来之星。再次，在高科技领域里，通常情况下的企业文化对明星人才都极为推崇。即使被并购的明星人才得到极为优厚的待遇，也不会像在传统行业那样受到过多的质疑，引发广泛的冲突和不满。

还有，这些被收购的企业大多是在技术或者业务发展的早期，不具备足够的议价实力和抗衡能力，可以被谷歌相对便捷容易地收编和改造。即使是摩托罗拉移动这样的老牌业务，扮演的也是被新贵"拯救"的角色。上述这些特点，意味着谷歌在并购中完全占主导地位，所有的交易都是收购（Acquisition）而不是合并（Merger）。传统行业与传统企业中常见的文化冲突、人事纠纷、协调困难、整合乏力等多种典型的暗礁与挑战，在谷歌的案例中并没有明显地出现。这是客观环境中有助于并购成功的一面。

如前所述，从谷歌倒手摩托罗拉移动业务以及若干重大并购案例来看，我们应该不难窥测到谷歌并购的自律和匠心独运。所有的并购，都紧扣其战略布局的主题：以谷歌的核心业务为焦点打造谷歌生态系统。不仅如此，迄今为止，所有的多元化、所有的并购、所有的吸引眼球的猎奇项目，也都只是锦上添花而已，广告收入仍是谷歌近乎唯一的生命源泉。

当然，随着对物联网、无人驾驶汽车、基因排序等多方面业务的介入，谷歌也面临四处出击、不着边际的风险。谷歌联合创始人佩奇最近向世人描述了他关于谷歌并购的"牙刷"准则：被并购企业的产品是否像牙刷一样会被客户每天习惯性地使用一两次？它们是否会使人们生活得更好？这种准则很家常、很实惠，但也很宽泛、很庞大。谷歌未来到底是吃哪一路的？所有的创新都必须由你一家公司来承担吗？

以并购驱动创新

2011年，佩奇在乔布斯离世前曾前往拜访求教。乔布斯语重心长："我曾经主要强调的一点是专注。要设想一下谷歌长大以后想成为什么样的公司。现在谷歌是无所不在。哪五个产品是你想专注发展的？剔除其他的业务，因为它们会拖累你。它们会把你变成微软，制造一些过得去但不够伟大的产品。"

并购，谷歌做得相对还算好的。满眼望去，那么多新经济企业、高科技公司、互联网宠儿，虽然专注于创新，或者由创新来驱动，但其并购举措中失败的案例大概还是要多于成功的案例。即使是谷歌，也难免可能跑偏。无论你是谁，无论你是如何风光，在你无限扩张之际，千万不要轻易忘记你的原点和根基。高科技领域是否也注定要沦为下一个重灾区？你的企业是否也会并购失败，不幸为波特和克里斯腾森断言的"大多数并购都以失败告终"提供新的注脚？

（本文编辑修订版曾以"以创新为驱动的并购"为题发表于《清华管理评论》2014年第12期。）

创业的魅惑

创业大潮风起云涌、铺天盖地，各路英雄群情振奋、心绪骚动。"我要创业，我要创新，我要当老板，我要改变命运，我要按我的想法跟这个世界聊一聊，我的人生我做主！""你创业了吗？""听说你要创业？""你怎么不自己创业呢？""你以为你这是在创业呀？！"也许，说创业太悲壮、太沉重。大部分人只是幻觉自己在创业。这跟买彩票、炒股票、进赌场没太大的区别。几乎所有人都有资格说，我离成功就只差那么半步。要的就是这半步。

你以为你在创业：创业者需要特定的素质和品性。即使对那些真正具有创业潜质的人来说，创业成功的概率仍然很小。不是所有人都适合创业。这是明摆着的。但是，许多人并不这么认为。

墙外创业亦精彩：有一种创业不是完全在广袤的市场中挣扎，而是围绕着某个企业或者企业集群，驻扎在其周边，为其提供服务和便利。创业者往往原先是墙内之人，拥有必要的关系和信任。

众筹的集体犯傻：众筹可能是创业融资的一种特定方法。但众筹的滥用远远多于有效的利用。如果众筹的目的、发起人的可信性和资金管理的专业性等方面问题重重，众筹不过是集体犯傻。

创业梦想与折腾：企业家创业有两个基本的要素：一个是梦想（点子），一个是折腾（行动）。这是创业者所能掌控的。其他靠运气。梦想和折腾的不同组合造就了不同的结果和下场。

你以为你在创业

国人做事儿,大多喜好跟风扎堆儿。风潮于是来得急,但往往也去得快。当下的时髦,应该说是创业。大家兴冲冲、急火火、争先恐后地跳入创业大潮,迫不及待地要去翻花打浪,否则甚感大有虚妄此生之嫌。某位偶像级的企业家曾经极具煽动性地放言:"如果我某某人能够创业成功,那么我相信80%的中国年轻人都能创业成功。"还好,屈指一算,至少还有20%的中国年轻人打工。唉,这帮倒霉蛋!80%概率成功的事儿你们都弄不成,只能非常不成功地打工了。

新近流行的一句名言,更是倾情撩拨,着实令人心旌摇曳、蠢蠢欲动:"梦想还是要有的,万一实现了呢?"虽然成功的概率从80%直降到万分之一,但煽情之势则是丝毫不减。哎,为什么还要费劲创业呢?天天买彩票,中奖的概率可能还更高一些吧?万一中了特大奖呢?!

你以为你在考大学?

凭什么他们都能创业,唯独我就要打工呢?也许很多人都这么想。其实,这种想法一点都不奇怪。不妨回望一下20世纪80年代的年轻人。当年的时髦,是考大学。所有高中应届毕业生,无论学习成绩和能力如何,几乎全部参加高考。即使真心不想参加,也得假装冲刺。家人压力。个人面子。估计每个人心里也隐约地想着"万一考上了呢?"或者"凭什么我

管理的幻觉
沉醉于臆想中的现实

不能上大学？"

然而，残酷的现实是，当时大学的录取比例在5%以下。大多数人都不得不在后来写自传的时候心有不甘地说"当年不幸高考失利"。事实证明，没上大学的人也可能在各行各业非常出色，极为成功。但毕竟大学不是谁都能考上的，概率摆在那里。

现今的大学扩招和职高技校以及海外留学渠道的分流，已经使得高考几乎变成一个伪命题。从师资和生源来看，很多本科院校不及当年的中专。某些省市高考录取比例已经高过80%。汝倘能呼吸，便可上大学！这还是"考"大学吗？不过是随大流而已。成功地考上了大学，毕业之后大概还是找不到理想的工作。

以此推之，如果创业成功的概率真能达到80%，那还是"创"业吗？那种所谓的成功意味着实现创业的初衷了吗？基本上是跟着起哄。掰指头仔细算算，成功的概率真有80%吗？考大学运动中尚有扩招之妙法，市场经济的海洋里可没有教育部那样的天使，见谁都助其一臂之力。

创业的意愿、资质与机缘

某些人，天生要折腾，忍不住要去改变世界，无论成败与结果之好坏，一定要去攒事儿，创业的冲动融化在血液里。这些人根本不用鼓励和劝说，你想拦挡和阻挠他们也丝毫无用。另外一些人，没有任何创业的意愿，只图安稳有序。无论怎样怂恿，大抵我行我素、按部就班。鼓励敦促也不会有什么作用。

大部分人则是居于上述两个极端的中间区域，可能有创业梦想，也可能去折腾。最需要奉劝的也正是这一群人。毕竟，梦想和意愿，通常只是一厢情愿。能力和运气是成事儿的主要决定因素。意愿顶多只是催化剂。

一心想考大学的，未必能上。不在乎上大学的，不见得考不上好学校。同样，创业的意愿（抑或臆想）跟创业的成功与否似乎没有必然联系。"只要你努力，你一定能成功！"此说貌似励志，实则愚妄，不知道害了多少人。

创业的实质在于梦想可行、折腾有道。首先，创业的作为要符合外部大势。时势造英雄。你有洞察大势的眼界和能力吗？现在就别再拿互联网说事儿了。互联网大树上唾手可得的果实已经被摘得差不多了，你要是没有梯子去更高的地方摘果子，还是到生产线上帮人榨苹果汁或者另找别处挖土豆吧！

其次，扪心自问，你到底有哪些专长？也就是所谓的独特、稀缺、不可模仿、难以替代的有价值的专长。虽然有人说，站在风口上猪也会飞起来，但是别忘了老话说得更为殷切：猪也可能会飞，但肯定不如鸟飞得漂亮；鸟也可能脚踏实地，但肯定不如猪来得自然。

创业不是捞浮财，风口不是天天有。天长日久，靠的还是专长。互联网不是业余选手的遮羞布。

你以为你在创业？

很多人非常天真地认为自己在创业，其实是很浪漫地被自己蒙在鼓里。每个自诩创业的人，都要问自己三个基本问题（或曰一个问题的三种不同侧重的问法）：

第一，你是企业的创始人吗？

第二，你是企业的合伙人（联合创始人）吗？

第三，你有企业的股份吗？

如果对上述三个问题的答案没有一个是肯定的，对不起，你不是在创

管理的幻觉
沉醉于臆想中的现实

业,你是在打工!是在给一个前途未卜、没有任何组织传统和已经被证明了实力的企业打工。

抛开所有权的问题,另外一个试金石,就是你有没有关于企业生存和发展的主要决策权或者获得这种权力的潜在可能性。如果答案是否定的,你就更不能说自己是在创业了。

创业,就是按照自己的意愿塑造某种未来,至少是能够参与一个塑造未来的团队和过程。这意味着两个关键点:

第一,你是一个专业靠谱的创业团队的核心人员之一。

第二,你所做的事情是符合外部大势或者具有独特技术含量的。

如果你跟一帮从没在任何组织里正经待过也没有任何职业专长的人在一起厮混,不仅没有股份和合伙人身份,连基本工资都保证不了,说自己在创业实在是很悲壮。就像混在高中补习班里跟一帮比你学习能力和自律能力更差的人在一起,有一搭无一搭地复读,很难说这是在备战高考。

(本文编辑修订版曾以"高考和创业:跟风与内省"为题发表于《中欧商业评论》2015年第2期马浩专栏。)

墙外创业亦精彩

在创新至上的今天，功成名就的大企业也通常居安思危，积极鼓励或者至少更加容忍那些有梦想、能折腾的人在企业内部进行创业。内部创业，不仅可能为企业带来持续发展的源头活水，而且也为这些具有创业冲动和潜能的人才提供了独特的创业空间，避免使之成为未来的竞争对手。

更何况，大企业通常具有人财物、技术、信息、关系、地位等多种优势，可以比小企业更加持久地烧钱，更加容易地试错纠偏。它们的体量也许更能够容忍野蛮生长以及内部冲突所带来的必要张力与暂时的混乱。开发微信业务的腾讯广州研发中心，便是时下内部创业的典范。

与内部创业相似的，还有另外一种情形：创业者已经不再栖身于企业内部，但其所创业务又与原来的雇主紧密相关，甚至是主要靠与原雇主的交易而生存，至少在创业的初期是如此。这种情形，我们不妨称之为"墙外创业"。比如，一个国有企业的车队队长，可以主动辞职，自己组建私营的运输公司，然后与原来供职的企业签约，为其提供用车服务。这种运作，通常可以提高效率、降低成本，不仅实现双赢，而且在政府规定减少和限制公车使用之际尤为适时应景。与其只是背靠大树乘凉，不如给树荫下乘凉的人们趸贩些酸梅汤。"墙外创业"，中外皆有，而在转型期的中国尤为常见。

管理的幻觉
沉醉于臆想中的现实

"墙外创业"为何情？

"墙外创业"至少有三个主要特点。第一，参与创业的核心人员已经脱离了与现有企业的雇佣关系。但他们曾经是企业内部人员，对企业内部的运作有着丰富的经验和详尽的了解，通常拥有广泛的人脉关系，因此得以有机会并被允许在墙外近距离栖息。

第二，所创的企业是独立于原来企业之外的法人实体。即使在某些情况下原来的企业会在墙外企业中占有少量股份，这种投资性行为也并不构成实质上的所有权关系。因此，此类创业并不是内部创业。

第三，墙外企业与原来的企业有着大量和频繁的交易往来。某些时候，这些墙外企业完全依靠墙内企业生存。因此，此类创业也不是一般意义上的独立创业，它们并不需要完全依靠自己的实力在公开市场上打拼生存。

国内最早的"墙外创业"，大概可以追溯到改革开放之初的20世纪80年代。当电视广告开始兴起的时候，最早一批广告公司的从业人员，基本上都与广电系统有着千丝万缕的联系，很多人正是电视台内部人员辞职下海。近水楼台先得月。这些创业者，有信息优势和关系优势，当然也有胆识和激情。说得直白一点，他们是在计划经济向市场经济转型时期"挖墙脚"的人。

而客观上讲，他们是改革的直接践行者。他们的创业促进了广告业务市场化和职业化的进程。正是因为国有电视台内部缺乏激励也没有能力去实现广告业务的职业化，才催生了这些商业运作的公司。即使是内部人不出来做，也会有别人来"挖墙脚"。他们的做法，如顺藤摸瓜般自然。只是他们先行一步，比外人走得更快而已。

当然，还有一些灰色地带的创业者，他们在保留自己内部公职的同时，以亲戚朋友的名义开公司，里应外合。这种"吃里扒外"的行径，属于"骑墙创业"，这就是另外一个话题了。

外部拉动：市场的效率

"挖墙脚"，或曰"虹吸"现象，是墙外创业的一个主要表现形式。"挖墙脚"的可能之所以存在，一个很大的原因是大企业内部的官僚机构与运作程序已经不再适应外部环境发展的需求。内部运作的效率低下，阻碍了组织的发展与正常运作，或者不能够使组织迅速应对外部机会与威胁。一些具有胆识才干的人，从企业内跳出来，成为墙外创业者，拼命地将原本企业内部的某些资源和活动往墙外拉，通过市场化运作来"短路"内部流程。

同样是在20世纪80年代，在美国底特律的通用汽车公司周边，许多小型企业应运而生。他们存在的唯一使命，就是从通用的一个部门买东西再转手倒卖给通用的另外一个部门，并从中盈利。与上述车队和电视台的例子一样，这种墙外创业帮助双方达到了共赢。创业者不仅为自己带来了在通用内部工作拿不到的超常报酬，同时也在一定程度上帮助通用提高了运作效率或者增进了工作的灵活性。

内部外推：信任的作用

与"虹吸"现象相反的，是由里向外推出创业项目。也就是说，"墙外创业"的初始推动者实际上是在企业内部。最近，泸州老窖股份公司打造了一款轻资产运营的模式。他们将原有的销售和财务等职能进行市场

管理的幻觉
沉醉于臆想中的现实

化运作。比如，公司只保留了必要的管理会计职能，而财务会计则外包给独立的会计公司。这些独立的会计公司，正是由原来泸州老窖的财务会计人员创立和经营的。他们先与泸州老窖解约脱钩，成立独立的公司，然后承担泸州老窖的财务会计外包业务。

其实，这些独立公司的人员，是"被"墙外创业了。有些积极自愿，有些犹豫彷徨，而实际的结果是，他们虽然基本上干的还是原来的事儿，对原企业仍然有很强的归属感，但已经不在泸州老窖的资产负债表上出现了。

企业将一些人员从墙内转到墙外，可能出于多种动机。墙外创业，可以提高某些业务领域的效率；可以为企业的新业务打前站，既不影响主营业务的运营，也可以锻炼队伍；可以安置一些企业内部不好安置的人员，名义上给他们机会，实际上让他们自生自灭，成了可以被回购，败了属于咎由自取。总而言之，之所以墙外运作，一是因为内部运作不方便或者不可能，二是因为纯粹外部运作又不可靠，缺乏足够的掌控。让内部人员到墙外，最为重要的也许是已有的理解和信任，或曰大家彼此熟悉、习惯。

（本文编辑修订版曾以"墙外创业的内推与外拉"为题发表于《中欧商业评论》2014年第12期马浩专栏。）

众筹的集体犯傻

众筹（Crowdfunding），已然成为时下网络时代的热点，时尚新潮。然而，众筹现象本身可谓源远流长。说白了，就是大家共同集资，凑份子，随"会"。其实，中国房地产近三十年的飞速发展，即是众筹的绝佳案例。地产商通过卖楼花，还没挖坑呢，就把购房者的钱"众筹"到自己腰包里了。

网络的便利迅捷及其无所不在的触角，无疑使得众筹更加引人瞩目。从源自纽约的、以艺术和游戏为主题的众筹平台Kickstarter，到国内的"人人投"以及类似北大社区1898那样的咖啡馆，众筹之势，扑面袭来，惹得人心躁动瘙痒。如今，几个上班族团购一餐饭，也要出口成章：咱众筹一把吧！

笔者最早意识到网络众筹这一现象，应该是在十多年前。美国有位大学生，为了给自己筹集最后一年的学费，建立了一个网站，通过其Paypal账户向公众募捐。每个人只需给他捐助1美元，他承诺给大家的回报，是将自己毕业典礼时穿的学位服剪成几千份碎片，分别邮寄给每一位给他捐助的人。

创意很新颖，卖点很明确：你只需花费1美元，就能帮助一个青年学子完成他的学业。而这个感恩的学生郑重承诺要通过自己的行动证明自己是一个诚实守信的人。如果他守信，你将在一年后得到一个小小的惊喜。即使他不守信，你也犯不上为1美元给自己添堵，而且很可能你已经把这

管理的幻觉
沉醉于臆想中的现实

事儿给忘了。只当娱乐一回吧！爱心就在掏钱一瞬间。

为了某种华美的名义或者温柔的借口筹钱，也许只需出资人一时的冲动就够了。然而，在众筹日益成为商业运营手段之际，如何用好筹来的钱则需要专门的学问；如何用筹来的钱再去持续地赚钱，则需要非常专业的技能和手艺。

一般而言，众筹项目的成败至少取决于四个要素：清楚的项目目标（Clear Aims）、出资人的具体需求（Concrete Appeals）、可信的项目发起人（Credible Advocators）以及专业的项目管理团队（Capable Administrators）。

项目目标与公众需求

首先，使命清晰，目标精准。无论是兴办造福所有人群的公益事业、资助自己信奉的组织或喜爱的明星之某项活动，还是搭建同道者自娱自乐的社区平台，抑或纯粹以营利为目标进行投资，众筹项目的目的，必须清楚明了地告诉公众。尤其要在事前明确公开地界定非营利项目和营利项目的区别，使得大家对项目成败的评价标准持有合理的预期。

1884年，纽约在搭建自由女神像最后基座的时候遇到资金缺口。著名新闻人普利策向美国公众发起募捐，筹得所需款项，使这一象征美国精神的建筑得以完成，光耀后世。而最近兴起的余额宝，则是通过众筹的方式增加资金规模优势，通过与银行和基金的博弈使得众筹者获得财务收益。

清晰的目标意味着专款专用，无论是将众筹的慈善款挪用于营利目的，还是以慈善为借口绑架商业利益，都会损害众筹的声誉。

其次，需求具体，吸引实足。不管是无偿捐助、产权投资、债权借贷，还是收获作为报偿的产品与服务，或者是为了某种社区的营造与维系、高尚身份与体面声名的获取，无论出资人以什么动机和方式参与众筹，众筹项目必须能够明确地满足他们的某种特定需求，给他们提供足够的理由和吸引力来参与。

给自己喜欢的导演筹钱，帮助他们完成某些商业风险较大的作品，可以同时满足参与者的道德优越感、社会责任感以及艺术与审美情趣。余额宝则给一众普通人等提供了作为投资者的骄傲和盈利快感。开发商卖楼花筹钱，是基于购房者对高额回报的预期，或对住房本身的强劲刚需。满足的需求越是真实具体、旺盛持久，众筹成功的概率越大。

当然，参与众筹者，也应该对自己的真实需求抱有适当的预期。否则，无端的臆想和一时的虚荣可能使人长期悔之不及。比如，购买了分时段产权共享度假酒店的客户，如果自己并不需要每年去使用，又找不到合适的出租对象或者二级市场出手，则根本达不到资本回报的预期，还要每年支付各种税费账单，自己套牢自己。

众筹倡导者与项目管理者

众筹项目的成败在很大程度上取决于项目的倡导和发起者。他们必须在公众中有足够的公信力和影响力，仗义靠谱，通常拥有良好正面的社会形象，有公益服务的经历与业绩，其所在机构或者与之交往的群体比较值得信赖，等等。项目的倡导者可以是所筹资金的直接受益者，例如为自己的作品发起众筹项目的艺术家，也可以是某些粉丝或者第三方平台。

值得强调的是，当倡导者自身对所倡导的项目具有高度承诺和自律的时候，尤其能够吸引公众的热情和参与，比如自己主动出资作为种子资金，或者事前约定，如果达不到筹资的预定数目就决不启动项目，退还已经募得的资金（All or Nothing），不会为了短期利益去牺牲项目所必须达

管理的幻觉
沉醉于臆想中的现实

到的品质。

最后,众筹项目的成功主要不在于筹钱,而是在于用好资金、做好项目,否则众筹便沦落为圈钱的把戏。无论是营利项目还是公益项目,需要的都是专业人做专业事儿,要有专业能干、专注执行的项目管理团队。

当下最时髦的众筹游戏,大概就是开个咖啡馆了,但成功的案例并不多见。股东们很多,会经营的很少,找专业人士经营的更少,自己当客人的机会也不能保证。如果咖啡是刚需倒也无所谓,股东们自己都不定期光顾的众筹咖啡馆,连团购都算不上。业余的激情和美好的臆想代替不了专业的能力与执行。

众筹不是团购,不是传销,不是摊派,不是邪教,不是业余办投行或者人人搞创业的群众运动。大多数的所谓众筹,最高境界也顶多不过是自娱自乐,而通常的结果则是集体犯傻,一笑了之。

(本文编辑修订版曾以"众筹、自娱自乐与犯傻"为题发表于《中欧商业评论》2014 年第 9 期马浩专栏。)

创业梦想与折腾

大凡懂得些中文的人,可能都会为中文里动词的丰富性和形象性叹为观止。它们或俗或雅,亦庄亦谐。有的一直在常用,历久不衰;有的来去匆匆,被留在记忆场。也有的渐次在时髦与冷遇中徘徊,命途无常。

单说办事儿的"办",就可大可小,可高可低,可轻而易举,也可费九牛二虎之力,有很多的讲究。办事儿,就字面而言,也就是干事儿或做事儿。"办""干""做",皆为中性描写,平铺直叙。意思相近,但又有细微的分歧。办事儿,讲究的是解决,例如,"把事儿办成了",或者"没钱,办不成事儿"。干事儿,强调的是努力,例如,"尽管去干吧!干好干坏是能力问题,干不干是态度问题"。做事儿,注重的是行动,比如,"不能只说不做",或者"说一套,做一套,言行不一"。

在俗语中,"办""干""做",还有一组同义词或近义词,那就是:"整""弄""闹""搞""耍""抓",或者复合的近义词:"折腾""鼓捣""倒腾""煽惑""忽悠"。比起一般意义上的"办""干""做",这些活动通常需要一番周折,费点心机,耍点小聪明,或表现出某种自嘲、狡黠、揶揄,甚至蓄意打击、报复、栽赃、陷害,乃至全盘颠覆,另立新天地。简单的用法,比如说:

整点儿小菜儿,
弄点儿点心,
闹点儿小酒,

管理的幻觉
沉醉于臆想中的现实

　　搞点儿创收，
　　耍点儿滑头，
　　抓一下致富，
　　折腾点儿外快，
　　鼓捣点儿坏水儿，
　　倒腾点儿盘条，
　　煽惑点儿创意，
　　忽悠他那么个把面瓜。

再比如说：

　　这玩意咋整？整明白了吗？整得不赖。贼能整！
　　弄啥嘞？咋弄嘞？弄成了没有？咋还没弄好呢？
　　正月里闹元宵。你这闹的是哪门子鬼？想闹点儿绯闻出来是咋的？
　　搞什么名堂？搞定了吗？搞到手了吗？
　　还是你能耍。高，实在是高。
　　嗨，事业爱情两手抓嘛！
　　哎呀，妈呀，瞧你这通折腾。这下子，你可折腾过瘾了吧?!
　　就知道瞎鼓捣。也干不成什么大事儿。
　　我这也是穷倒腾，挣点辛苦钱。
　　这事儿还真让你给煽惑成了。
　　我这一忽悠，能把凸的忽悠成凹的，你信不？

更进一步而言：

　　弄点儿邪乎的！
　　这不是搞不正之风吗?!

创业梦想与折腾

> 看我整不死你！
> 闹工潮，你亲爹娘惨死在魔掌……
> 你这是想拿谁当猴儿耍呢？
> 折腾过头了吧！
> 抓！

然而，在主流派媒体中我们更通常看到一些更庄重、更文雅，或者看起来很文雅，抑或更与时俱进的说法，比如"创建""打造""运作""执行"。常见的说法有：

> 一定要创建和培育一大批拥有自有品牌和知识产权的企业，并争取通过资本运作，在海外融资上市，全面加入国际大循环，坚定不移地执行国际化的战略，打造21世纪国际市场上引领中国企业军团的新型超级航母。

当然，俗语中的动词也可以和比较庄重的动词共同堂而皇之地应用于主流派媒体。比如：

> 弄清形势，整顿思想，一手抓物质文明，一手抓精神文明，创建科学化决策体系，打造政府运作新模式，坚决执行党的方针和政策，为进一步搞好社会主义祖国的建设和发展而努力奋斗。

显而易见，"办""干""做"等上述相关动词都有很强的目标导向性或者说功利性：要干好什么，要成就什么，要达到什么，要实现什么，就更不用说"创建""打造""运作"和"执行"了。

21世纪，最缺的是什么？肯定不是人才。最缺的其实是点子。亘古如此。一个好的点子，足以吸引优秀的人才。不需振臂一呼，便可应者云集。人才、资金、政策，都会热烈地拥抱欣逢时运的点子。

点子，便是行动的理由，是"办""干""做"的目标，是"整"

管理的幻觉
沉醉于臆想中的现实

"弄""闹""搞""耍""抓"的靶子，是"折腾""鼓捣""倒腾""煽惑"和"忽悠"的指南。点子，从小处而言，可以是一个主意、一个概念、一个说法、一个借口，代表一个符号、一个远见、一个遥远而又美丽的梦想；从大处着眼，可以是一面旗帜、一条纲领、一类主义、一种境界，引发一场游戏、一番运动、一次轰轰烈烈的革命。所谓星星之火，可以燎原。

从点子到革命的动态化过程，需要的是"办""干""做"之类的行动，需要的是"整""弄""闹""搞""耍""折腾""鼓捣""倒腾""煽惑""忽悠"，需要的是不断地"创建""打造""运作"和"执行"。

承担这些活动的最佳人选和中坚、领导力量，我们不妨称之为企业家或创业者。是他们在各行各业引领风骚，屡立战功，创建新兴产业，打造品牌盛名，运作资源组合，执行战略规程，把事情办好，把目标搞定，把梦想实现，把任务完成，该整就整，该弄就弄。

说来，企业家也没什么极端复杂和神秘。其实，无外乎两条：有没有梦想（点子），能不能折腾（执行）。

只有梦想，不能折腾，容易患臆想症：或眼高手低，或有知无行，自欺欺人地游离于现实与梦想的差距地带，时而为不能达到彼岸而懊恼沮丧；时而为自己还拥有梦想这个事实本身而自命清高，颇觉得意与庆幸。

没有梦想，特能折腾，容易患多动症：或如无头苍蝇，到处乱撞，极端执着，撵都撵不走，坏了别人的梦想，自己也遭喊打，一事无成；或如头脑简单的猛士，不分青红皂白地勇往直前，冒死拼命，被人当枪利用。

没有梦想，也不折腾，容易患无为症：或任人摆布，或听天由命，依凭他人和偶然际遇设计和安排自己的工作、生活和一生。他们随遇而安，知足常乐。他们不主动为别人的壮举当炮灰，也不强求别人为自己增添光荣。

创业梦想与折腾

既有梦想，又能折腾，容易患喜功症：把自己的点子和远见强加给别人从而成为大家共享的点子和远见，把别人拥有的各类资源折腾成自己的资源组合，从而把远见忽悠成现实。众人皆醉我独醒，众人无成我独赢。

每个人入世的时候，按道理说都是平等的。而终其一生，每个人成就的大小，除了基因这个外生变量以外，梦想和折腾便是主要决定因素了。说白了，在人生经历的各种生活和工作游戏中，其实质就是某些人用某些点子为名义和借口攫取和利用他人资源的过程，或者说不同人之间互相攫取和利用的过程。不管口号多么冠冕堂皇，不管借口如何无懈可击，这个过程中的交易往往是不平等的。如果平等，就根本不需要任何表面上的借口了。

所以，你不忽悠别人，必定是被别人忽悠了。你在某些地方忽悠了别人，注定在别的地方也会遭别人忽悠。最惨的莫过于到处被人忽悠，却从没有忽悠过别人。人得自己成全自己。

从这个意义上讲，每个人都应是个企业家或者说具有企业家精神。

而企业家精神的实质就是极有梦想，贼能折腾。

（本文编辑修订版曾收录于笔者2005年出版的管理随笔集《决策就是拍脑袋》。此处稍有改动。）

战略的困顿

战略的分析需要系统严谨的科学方法。战略的实施应用则是一种情境艺术。而战略运作的结果，更是离不开那些战略家无法掌控因素的影响。事实上，没有无往而不胜的战略。没有放诸四海而皆准的妙法。幻觉中，某些战略家自感游刃有余、无所不能。即使他们遭遇滑铁卢，大家仍然将他们奉为英雄。传说在延续，幻觉在传承。更何况，在大多数情况下，战略不过是我们按照自己的想象总结出来的应对路数，可能与事实大相径庭。即使真的有效，也可能无法复制。

微软还能买什么：说得极端一点，微软是一个贸易公司。微软赖以发家致富的主要产品，几乎没有是自己发明的。微软曾是一个 Scalablility Enabler（扩容推进器），有选择地收购新技术，然后大规模地全球贩卖。

谁说美国无国企：大家通常认为美国是一个崇尚和鼓励自由竞争的经济体系。其实，美国也有类似的国企，靠政策吃饭。本文评介美国粮油食品原料巨头 ADM 的战略定位及盈利模式。

战略转型一致性：战略转型不是随机折腾。转型必须首先有型。无型也就无所谓转型。而转型的成功，有赖于一定的章法。不同的阵型中，可能有某种惊人的一致性。

通道战略时序性：对于所谓的"互联网+"，有一种基本的共识，那就是"连接一切"。而连接一切的具体机制就是各类主体之间的通道。通道战略将是未来的主导趋势。本文探讨通道战略的时序特征。

微软还能买什么

在过去四十多年间,微软曾经被认为是创新的推手、IT业的领头羊、企业经营的典范。在如今的所谓移动互联网时代,无论是 Surface 的无人喝彩,还是 Windows 8 的吐槽不断,抑或收购诺基亚手机引发的阵阵质疑,昔日老大的当下表现,给人的感觉似乎有些茫然不知所措。甚至有人开始私下里念叨,微软会不会是下一个柯达。大家在拷问微软是否还能继续创新之际,也许更应该问的问题是:微软到底创新了什么?

作为贸易公司的微软?

纵观微软的发展史,说微软是一家贸易公司(B2B 平台),也许并不为过。其核心竞争力之一,便是做买卖:适时购买具有爆发潜力的新兴技术或产品,或者根据所买技术去开发新产品,然后铺天盖地地卖给全球的客户。盖茨最喜欢的一个词,大概莫过于"Scalable",即大规模地卖,最好是卖成垄断。

但要说技术原创,微软不免有些囊中羞涩。最早的 Basic 应用程序开发业务,并不是微软自己发明的。微软赖以发家的 DOS 操作系统是从 Seattle Computer 买的。Hotmail 是买的。IE 的源代码是买的。Windows 的技术起先是从苹果租用的。当然,苹果也不是原创,而是从施乐 PARC 淘来的。也许我们无须过分怀疑微软自己的研发实力,但很多产品让它自己去

管理的幻觉
沉醉于臆想中的现实

弄可能太贵太慢。

其实，生意场上，是否原创，并非要紧。无论是因了眼界还是运气，能够买得到、买得对，这也是本事。微软当年是有这个本事的，否则也发不了家。更何况，20世纪末期，众多创业者和小企业，其终极梦想就是能够被微软、IBM、摩托罗拉等公司收购。鲤鱼跳龙门，一举功成名就。关键坎儿上，微软着急想买，也有人愿意卖。

微软当仁不让地扮演了多重角色：新技术购买者、风险投资者、行业风向标、标准建立者、IT界的公认老大。与微软打交道，本身就意味着合法性和吹牛卖乖的资本。可以说买卖双方相互成就。几十年前，这种在元技术和器件制造商之间扮演桥梁和掮客的眼界与能力，无疑促成了后来的微软帝国，在当时也算是一种商业模式的创新。

核心竞争力还是核心包袱？

风云际会，斗转星移。转闪腾挪，应时而变。企业的成败盛衰，取决于外部环境的机会与威胁，亦取决于企业所擅长的应对办法与惯用手段。而此类惯用手段通常根植于企业的初创经历，并在其后的成功案例与高峰体验中得到进一步印证和强化。然而，这种惯用的手段和常规的能力，并非屡试不爽。当它们与环境要求匹配契合的时候，往往被奉为核心竞争力或者显著竞争力；当其不再顺应潮流之际，则又被贬抑为核心包袱或者僵硬惯性。

1995年年初，盖茨撰写《未来之路》一书，通篇几乎只字未提互联网。当年年末，网景IPO（首次公开上市），互联网之势风起云涌。以"网络就是计算机"等名言著称的升阳CEO Scott McNealy，干脆直接预言了PC时代的终结：以后的计算世界将是伺服器加上哑终端。微软很害怕。盖茨很着急。通过 Spyglass 的源代码授权，微软迅速推出 IE 浏览器，与其 Windows 操作系统绑定。如此，微软躲过一劫，得以在其后的互联网时代延续其 PC 霸权。

进入新世纪，梦想做大走高的创业者们惊奇地发现，已经不需要业界大佬们的认可与提携了。天使、私募、风投、新股，各种资金追着你跑，让你无处躲逃。钱不是事儿。微软的现金储备也就不再那么令人艳羡了。大家都在微软们的"场外"进行交易了。谷歌、推特、脸书，谁需要微软呀？微软大规模扩容的能力似乎已然无用武之地。

其实，真想买并真会买，今天仍然还是有机会的。君不见，谷歌已经有些微软当年的意思，开始大肆买来卖去了。只是微软的核心竞争力与以 PC 为中心的商业生态圈有着难以割舍的牵连。比买不到更为令人惊悚的一个因素，也许是对可能应该要买的对象没有足够的兴趣、关注和警觉。缓过神来，则有些迟了。微软最在意的还是它的 Windows 和 Office。这里有其难以释怀的高峰体验。

移动互联网时代的微软困境

事实上，McNealy 至少还是说对了一半。当华硕等 10 寸上网本出现的时候，伺服器加哑终端的模式已初露端倪，只是终端没有那么"哑"而已。这种格局，微软倒是不太在乎，因为他们的 PC 还是主流，还是很智能。当 iPad 和新一代平板电脑可以达到几乎跟 PC 一样智能但更加移动便捷的时候，微软才真正意识到，移动互联网时代已经悄然而至，微软正面临着被边缘化的危险。亡羊补牢，急起直追。Surface 登场，应者寥寥，波澜不惊。

移动互联网时代，主角儿其实是智能手机。最初，黑莓等准智能手机

管理的幻觉
沉醉于臆想中的现实

对互联网的应用，也只限于电子邮件等基本功能。当 iPhone 刚推出的时候，一则广为流传的（一说是来自微软的）调侃如此声称：乔布斯半夜噩梦惊醒，发现苹果往 iPhone 里装了所有能装的东西，就是没有电话功能！也许大家都在注意作为电话的 iPhone，褒贬其手机功能如何，而忽略了智能手机的真正意义——主要不在于手机，而是在于智能。

无论是 iPod、iPhone、iPad、iOS 还是 iTunes，苹果在自建其封闭的生态系统。这承袭了其一贯的立场和作风。封闭也好，开放也罢（比如安卓），问题的关键，是后来的乔布斯比当年的 McNealy 更为精准地预见或曰捕捉了未来的潮流：云系统加智能终端（准确地说，是移动智能终端）。客户的终端是多种多样的，从 PC、手提电脑、平板电脑，到智能手机和其他移动智能装置（比如手表或者眼镜），而且移动装置正在日益替代固定的 PC。

随着安卓与 iOS 的捉对厮杀，黑莓被边缘化，Symbian 败阵，微软的 WP 操作系统只收获了已经风光不再的诺基亚的同情。微软则以收购诺基亚回报了这番同情。从以往的经历看，微软染指硬件之举可谓毁誉参半。Xbox 倒是可以与 PS 和 Wii 分庭抗礼，而誓言要阻击 iPod 的 MP3 播放机 Zune 则很快偃旗息鼓，甘拜下风。

微软收购诺基亚，送出的另外一个信号，也许更为令人唏嘘：微软还能再买到什么？更不要说这次买进来的是本应该卖给它技术的对象。做大还是做死？好在微软还有大把的现金，还有诸多专利可以在后台挣钱。只是前台好像摊上大事儿了。

微软老矣，尚能买否？

（本文编辑修订版曾以"微软还能买什么？"为题发表于《中欧商业评论》2014 年第 4 期马浩专栏。）

谁说美国无国企

性格即命。每一个企业都有属于自己的性格，或独特或平庸，或强劲或脆弱。如果一个企业屹立百年而不倒，通常我们会发现它所拥有的某种独特而强劲的性格。这种性格往往会反映在其战略主题上，而其战略主题则在很长一段时期内经久一致、清晰可见。这一主题，通常是企业的立身之本和行动指南，亦是其竞争优势的主要源泉。

位居世界四大粮商之首的 ADM 公司——美国首屈一指的粮油原料贸易与加工企业，就是这样一个定位清晰、主题一致的百年老店。其口号为"农民的伙伴""政府的朋友""全世界的超市"。也就是说，ADM 公司的战略主题，是通过与农民结盟进而与政府为友从而成为控制美国乃至世界粮油产品贸易与加工格局的世界粮商。

> 控制石油，你就控制了所有国家。控制粮食，你就控制了所有人群。
>
> ——亨利·基辛格

如果基辛格所言不谬，那么 ADM 公司可以说是美国赖以影响和掌控全球粮食贸易的桥头堡和急先锋。本文通过勾勒 ADM 公司百年发展历程，尤其是过去 50 年间的作为，重点阐述其战略主题的一致性。

我们相信，这种对战略主题一致性的坚守，对于那些意欲成就百年老店的企业具有重要的借鉴意义。同时，我们也着重强调了解一个行业业务

管理的幻觉
沉醉于臆想中的现实

的实质特点对于一个企业在该行业中长期生存和发展的关键作用。

使命定位：全世界的超市

ADM公司曾经在其著名的广告词中骄傲地自称为"全世界的超市"（Supermarket to the World）。然而，不要说全世界，即使是在美国本土，普通消费者也没多少人真正知道ADM公司究竟是干什么的，因为他们通常并不直接地接触或消费ADM公司的产品。尽管如此，这句言简意赅的广告词却并非空穴来风、虚张声势。每一天，在遍及全球六大洲的466个收储设施和300个加工基地，ADM公司的33 900名员工对玉米、大豆、小麦、可可等食品原料进行收购、存储、运输、加工，为食品、饲料、制药以及生物能源等直接影响国计民生的产业提供原材料和初加工产品，产品遍及全球140多个国家和地区。2014年，ADM公司总销售额达到812亿美元，名列《财富》美国500强第34位。2009—2011年，该公司连续三年被《财富》杂志评为最受尊敬的食品加工企业。2015年，ADM公司再次获得此项殊荣。

在粮油食品行业的全产业链上，ADM公司只是聚焦于上游前端，而不是全线出击。"从田野到餐桌"的全产业链战略听起来非常诱人，但其实际践行却会给企业的主导管理逻辑和管理团队的协作带来巨大的挑战。作为传统的上游企业，ADM公司一直抵御诱惑，拒绝进入下游品牌食品加工与销售行业。这种自律，保证了其定位准确清晰、战略前后一致。ADM公司只是粮商和初加工企业，而不是品牌食品公司。这一定位贯穿一个世纪！

当然，坚守主业并不一定意味着因循守旧。ADM公司声称每十年都会增加一种新的业务，从而保持其业务不断地增长。比如，生物能源的研发与制造，与其农作物收储和处理的核心能力密不可分，在挑战ADM公司的产业定位以及未来发展的方向和重点的同时，实际上也是对其核心能力的应用和补充。毕竟，该行业用的原材料仍然是农民的产品，其发展前景主要取决于政府的支持力度。因此，ADM公司所标榜并擅长践行的"农民的伙伴"与"政府的朋友"方针不仅依然适用，而且可以继续发扬光大、锦上添花。

农民的伙伴

ADM公司声称，100年来，ADM公司一直是农民与消费者之间不可或缺的桥梁。曾经执掌ADM公司三十多年的杜安德对于这种关系作了如下的描述和解读：我们与农民的伙伴关系建立在共享互惠的"根本智慧"上面。农民的智慧在于调整并适应全球市场上新的挑战与需求，ADM公司的智慧在于不断地为农作物寻求新的用途和市场从而提升农民收成的价值。从为人体提供营养的食物到为汽车提供动力的燃料，ADM公司与农民一起结为伙伴，将他们的庄稼变成成千上万种产品以满足全世界的需求。

ADM公司的存在对美国农民们来说不可或缺。当然，美国农民出于自身的利益，也会对ADM公司的业务提供有力的支持。比如，中西部各州的农民曾在1992年到华盛顿集会游行，以保护环境和保护就业的名义，要求政府补贴通过玉米制造乙醇的业务。

ADM公司把美国农民及其利益提高到国家安全的高度，并以之为口实、平台和契机去影响和操纵政府法规和政策的出台与执行，从而通过持久的巨额补贴和税收减免而获益不菲。别的企业可能从全球的农民身上直接获利，ADM公司则是通过政府政策，将相对较高的产品与服务定价转移到消费者和纳税人身上。这种做法，被提炼成ADM公司的一个经典商业模式，在杜安德时代得到淋漓尽致的发挥。

管理的幻觉
沉醉于臆想中的现实

通过杜安德与政客间个人的"友谊",ADM 公司在联邦政府与地方政府积累了广泛的社会网络和人脉资源。可以说,被定位在国家安全高度的农民和农业,乃是 ADM 公司业务发展与盈利的安全后盾和可靠利器。

政府的朋友

自从尼克松总统任上开始,杜安德就有意地与政客交友。数十年来,ADM 公司(主要是杜安德本人及其家族)于美国政坛,乃是值得依赖的捐赠大户。他们不惜重金,而且是同时资助共和党与民主党双方的政客。这种全面的轰炸和系统性的影响,保证了 ADM 公司能够从华盛顿赐予的农产品业务的各类优惠政策中获益,无论是哪家政客执政。

据智囊机构 Cato 测算,ADM 公司至少有 43% 的利润来自由政府大规模补贴或保护的农产品业务。有观察家如此戏称:"没有其他任何一家美国公司如此依赖政客和政府来给自己的面包上抹黄油。"当然,在杜安德眼里,政府也同样离不开 ADM 公司:"我们是全世界最大的农产品公司。我们控制这个国家 35% 的面包,还有那么多的奶油、食用油等等。没有我们这样的人,政府怎能会正常运转呢?!"

> 世界上没有任何一丝一毫的东西是在自由市场上销售的。绝对没有!你唯一能看见自由市场的地方就是在政客的演讲里。不在中西部的人根本不懂得这是一个社会主义国家。
>
> ——杜安德,ADM 公司前董事长兼 CEO

> 农业是地球上最受操纵的行业。排在大自然母亲之后的,是政客而不是农民。贸易者和加工者有最大的权力决定种什么,在哪儿卖,要多少钱。
>
> ——《财富》杂志,1990 年

受益于政府补贴和保护的业务主要包括玉米、糖和乙醇。玉米业务对ADM公司财务的贡献本身并不是很大，但政府的扶植为ADM公司在这一市场波动较大的领域提供了相对的稳定性。

通过限制美国本土蔗糖的生产，政府人为地导致了蔗糖的价格高昂。这就迫使可口可乐公司等用糖大户转向使用ADM公司从玉米等农产品中提炼的甜味剂。

最为重要的补贴则是来自对乙醇的税收补贴。顾客在购买含有乙醇的汽油时，所付的价格里已经包含了一种特殊税收，这种税收由美国政府转移支付给乙醇的生产厂家，可以从他们在乙醇业务上应缴纳的税收中抵扣。20世纪90年代初期，5年间，美国政府给乙醇生产厂家的补贴高达35亿美元，其中一半左右进入了ADM公司的金库。自1980年开始，卡特政府制定了乙醇进口的限制性关税，每加仑半美元左右。这项政策有效地保护了ADM公司，阻止了来自更加廉价的巴西乙醇等的竞争。

作为政府的朋友或者宠儿，ADM公司被称为典型的"公司福利"的受惠者。ADM公司玉米甜味剂的生产，每1美元的盈利，要耗费消费者10美元；其乙醇业务，每1美元的盈利，要耗费纳税人30美元。ADM公司游说政府继续其对本土糖品进行补贴的项目，每年耗费消费者30亿美元。1994年，《纽约时报》评论道："克林顿政府有关易于减排的可再生能源（说白了，从玉米中提炼乙醇）的政策只不过是出于政治原因而给农民以及玉米加工者（主要是ADM公司）所颁发的礼物。"ADM公司自是泰然领赏、当仁不让，不断在乙醇业务上花大工夫去布局运作。对于ADM公司而言，乙醇业务销售额虽然只占公司总销售额的不到10%，但其利润在公司利润总额中所占的比例则接近20%。

当然，为了保证这种政府惠助长久不衰，ADM公司出手相当阔绰。1992年总统竞选时，杜安德和他的团队为政党组织捐款140万美元，为

管理的幻觉
沉醉于臆想中的现实

政客个人的竞选基金捐赠 35 万美元。美国法律规定，个人政治捐款每年有一定的限制额度，超过此额度需要缴纳罚款。1993 年，杜安德和他夫人名列缴纳此罚款的捐款大户前 10 名。克林顿总统积极推动立法，要求在美国污染最严重的城市中所有出售的汽油中有 30% 必须含有乙醇制品。杜安德为克林顿捐款 10 万美元。

从尼克松、卡特到多尔、克林顿，甚至戈尔巴乔夫，这些政客都可以说是杜安德的朋友。1984 年，当戈尔巴乔夫还是苏联主管农业的书记时，杜安德就开始与之打交道。为了 ADM 公司与苏联的粮食贸易，1952 年至 1990 年间，杜安德访问莫斯科 75 次。作为一个老练的谷物交易者，他也根本不会忘记不失时机地接近此后的俄罗斯总统叶利钦。不管谁主政，ADM 公司都早有准备，主动积极交友，寻求持续影响。

新掌门人的继往开来

2006 年走马上任的 ADM 公司董事长兼 CEO 和总裁沃尔茨（Patricia Woertz），乃是来自 Chevron 石油公司国际业务部的职业老将。她力求带领 ADM 公司迈向一个新的篇章。她对乙醇等生物能源的前景坚信不疑。2015 年 1 月，ADM 公司原首席运营官（COO）卢西亚诺（Juan R. Luciano）接任 CEO 一职，成为 ADM 公司 112 年历史上第 9 位领军人物。作为 COO，卢西亚诺曾经全面执掌 ADM 公司最为核心的油籽和玉米加工业务以及农业服务和风险管控职能，对于 ADM 公司运营效率的提升贡献卓著。如今，在卢西亚诺的带领下，ADM 公司仍然在全球布局，仍然在做"全世界的超市"。

百年老店的兴衰沉浮，既取决于环境的复杂多变，也反映其内在的定力和修为。无论我们对 ADM 公司的定位和行径进行怎样的价值判断，在事实判断层面，ADM 公司在过去 50 年间对其战略主题之自律坚守，对于那些意欲打造百年老店的企业家们应该是颇具借鉴意义的。

很多人会有这样一种幻觉：只有所谓的社会主义国家才有国企。看了 ADM 公司的先进事迹，也许大家可以从这个幻觉中走出来了。原来，美国也有国企。

附表 1　ADM 公司主要业务一览

油籽加工 39%*	油籽加工经营领域包括与油籽的收储及压榨相关的所有活动，将大豆、棉籽、葵花籽、菜籽、花生和亚麻籽等制成蔬菜油和蛋白体，主要用于食物和饲料产业。 油籽和油籽产品可以由 ADM 公司加工，也可以由 ADM 公司卖到市场上，作为其他加工用途的原料。
玉米加工 14%	玉米加工经营领域包括两种用途。 第一类用途是甜味剂、淀粉、葡萄糖、糖浆等产品的加工，主要用于食品与饮料行业。 第二类用途是通过发酵制造生物制品，比如乙醇、氨基酸，以及其他食品、饲料和工业用品。
农业服务 46%	农业服务经营领域应用公司分布广泛的谷仓与运输网络收购、储存、净化和运输大宗农产品，包括油籽、玉米、小麦、大麦、燕麦等，并将这些谷物主要作为食品和饲料的原料再次销售给农产品加工行业。 这一经营领域的谷物收储与运输网络为公司的农产品加工业务提供可靠和高效率的服务。 另外，ADM 公司拥有一支足迹遍及全球的庞大运输队伍，主要由海运、河运、铁路与公路运输构成。
其他业务 1%	主要涵盖公司的食品与原料业务和金融服务。食品与原料业务包括与面粉生产相关的小麦加工等。金融服务包括银行、保险、私募以及期货业务等。

*占 2014 年公司总收入的比例。

（2015 年 6 月 8 日）

战略转型一致性

战略转型通常意味着企业经营领域和运营方法的重大变革。然而，成功的战略转型背后往往蕴藏着某种前后自洽的一致性。正是这种一致性赋予企业独特的性格特点和清晰的外在形象。通过阐释美国食品巨头康涅格拉公司在过去四十多年中的演进过程，本文试图勾勒它在几任 CEO 主政下战略转型过程中展现的惊人一致性：利润至上、品牌崇拜、兼并剥离、顺应外部潮流、营造组织与战略的匹配、保持核心业务和主要收入来源稳定，以及慎重选择符合公司使命的领军人物。对于战略转型中一致性的了解和把握，有利于对转型过程的管理与掌控。

打开康涅格拉（ConAgra Foods）公司的网站，你会立刻被一种浓烈的氛围所笼罩：Food You Love！一系列人们熟悉和喜爱的包装食品品牌。网站上官方的企业历史追溯，其重要的里程碑事件，从 19 世纪 60 年代开始，几乎毫不例外地都是与该公司现有包装食品品牌的起源和发展相关。同时，对于它在 20 世纪大部分时间所赖以生存的粮食加工与贸易业务，公司正史的处理恰如过眼烟云般地轻描淡写，像一个时下开着高档饭馆儿的老板忌讳别人提及他曾经走街串巷换大米的经历一样，对自己的前世经历讳莫如深。经历了从大宗粮食加工与贸易向品牌食品与饮食服务的转换与变迁，康涅格拉食品公司已经成为一个彻头彻尾的品牌食品企业，在美国仅次于卡夫的第二大零售食品企业，并且是美国首屈一指的饮食服务企业。

自 1980 年以来，该公司非常专注地不断实施其以品牌打造为主的零售食品与饮食服务战略。其主要发展手段在于一路兼并与剥离，有选择地收购那些市场表现优异或潜力较强的食品品牌，退出那些价值链前端的业务或者转让那些经营不利的品牌。其品牌选择与产品提供，往往遵循某种顺应民众生活之潮流的思路，在产业内具有超前意识和创新精神，从引领健康风潮到尝试新的产品品种，康涅格拉从未落伍。如今，康涅格拉骄傲地宣称，其食品的使用覆盖率已经遍及美国 97% 的家庭，其中 24 个品牌在其所属品类中数一数二。

公司简史：康涅格拉的前世今生

康涅格拉公司，建立于 1919 年，由美国内布拉斯加州的四家面粉厂合并而成，名为 NCM。自成立之初，其主要业务一直是面粉、玉米以及饲料等农产品的加工业务。从 20 世纪 40 年代开始，康涅格拉陆续收购了一些面粉厂和饲料厂，开始跨州经营。这一时期，公司的主要举措是拓展其面粉加工厂的下游业务，尽力为面粉等产品寻找利用空间和发展余地，比如开发和销售蛋糕粉等产品。

到了 20 世纪 60 年代，康涅格拉开始染指肉鸡饲养和加工业务，仍然继续投入其农产品加工业务。1969 年，在公司成立 50 周年之际，面粉业务占到公司销售总额的 40% 左右，饲料与家禽业务各占 20% 左右。1971 年，公司的销售额约为 2.7 亿美元，其业务横跨美国十几个州，远及波多黎各与西班牙。正是这一年，公司正式更名 ConAgra，即"联合农业"公司。也就是说，时至 1971 年，公司虽然改换了名称，但仍然清晰无误地将自己定位为一个农产品加工与贸易企业，与 ADM、邦吉或者嘉吉等国际粮商一样，稳居农产品产业链的上端。

管理的幻觉
沉醉于臆想中的现实

然而，20世纪70年代中期的一系列内外事件使得康涅格拉遭受到沉重的打击。与1973年爆发的石油危机相关联的经济停滞与衰退，对于以大宗农产品贸易和加工为主要业务的康涅格拉带来了非常负面的影响。公司在大宗商品投机业务上的严重亏损、松懈无力的公司内部管控，加上一些不甚明智的投资，使得公司深陷困境，濒临破产，逡巡四顾，举步维艰。1974年内，公司股价狂跌50%。此时，包括谷物加工、禽类肉食与牲畜饲料等在内的大宗商品业务占公司总收入的比例高达92%，而且业绩堪忧，乏善可陈。也许，这是公司发展史上最为黑暗的一幕。也许，正是这场灾难性的经历之警示催生了康涅格拉后来的洗心革面、脱胎换骨，逐渐摆脱原有的那些经营风险难测、价格波动无常的大宗农产品业务，拥抱品牌包装食品的新生前景。而这一凤凰涅槃的全程，则是需要由几任CEO轮番上场，上下求索，推波助澜。

洗心革面：Mike Harper 时代（1974—1992）的战略转型

1974年，临危受命的 Mike Harper 开启了康涅格拉全面转型的新时代，倾力打造一个贯穿食品行业全产业链的企业，打破了业内流行的专业化分工的神话与常规，逆流而上，开启食品行业之先河。比如，康涅格拉的典型产业链就像如下业务：从保护农作物的化工产品到谷物，再到面粉，再到面条；从禽类和鲜冷肉食到冷冻食品和甜点。打通全产业链，有选择地伺机收购，注重有价值的品牌，乃是 Harper 三位一体的制胜法宝。以打通全产业链为突破口，以兼并为手段，以品牌为重点。在这个过程中，全产业链的打造并不是妄语虚言。

如上所述，康涅格拉不仅大肆收购品牌食品业务，而且有选择地进入农业化工和鲜肉业务等，向产业链上游挺进。这也符合其有选择收购的战略；在食品产业链上，按照每一项业务的具体价值潜力来考虑收购。而整个战略转型的主旨要义，在于最终走向品牌经营。Harper 在任 18 年间，公司股票价值飙升 177 倍，其诸多品牌在美国家喻户晓，备受欢迎。

> 我们的政策很简单，我们中西部的人需要的就是简单。我们只要 20% 的 ROE，不要任何其他扯淡。
>
> ——Charles Michael Harper

Harper 给康涅格拉的未来发展制定了清晰而又严峻的目标，所谓的 "20-14" 体系：ROE（Return on Equity）要达到 20%，EPS（Earnings Per Share）要达到 14%。Harper 对于经营利润如此看重，不厌其烦地推广其 "20-14" 准则，以至于某位董事会成员干脆建议康涅格拉的经理们必须把 20% ROE 的字样印制在内裤上。一位副总送给 Harper 一条印有 20% ROE 字样的内裤，Harper 把它悬挂在了公司的旗杆上。

Harper 入主康涅格拉之后，首先在一年内大刀阔斧地使企业扭亏为盈，然后花几年工夫整顿公司的各项业务，进一步改善其资产负债状况。康涅格拉在 Harper 治下引人注目的品牌食品业务收购历程，则正式开始于 1980 年对冷冻包装食品品牌 Banquet 的收购。公司通过此契机，大举高调进入增长潜力巨大的冷冻食品市场。在几年间，Banquet 品牌引入市场 90 多种新产品。

1983 年，Harper 在整个鲜肉业务行业以及该公司本身都处于低潮的时候，收购了 Armour 的鲜肉加工和包装业务。这些业务在当时并不引人注目，而后来却为康涅格拉带来了较好的回报。1978—1985 年，超市里冷冻食品的销售增长了 60%。这个过程中，康涅格拉顺势发展，成为一个非常成功的冷冻包装食品公司。

在一个知名品牌陷入业务低谷的时候，或者某些有潜力的业务大家都不看好的时候，以接近账面价值的低价购进，然后提升内部经营管理，等

管理的幻觉
沉醉于臆想中的现实

待时机，点石成金，实现该品牌的价值潜力。这是 Harper 作为"收购大王"在食品行业攻城略地、筑建品牌王国的一大秘诀。Harper 坚信，在周期性强的业务领域进行市场渗透相对比较容易，因为在周期的低谷，很少有人会跟你进行竞争性报价。这时出手收购，妙不可言。而对这一准则的自律坚守，意味着不被昂贵品牌本身的光环所诱惑，不高价收购，而是一定要买得值。

另外一个秘诀是，在某一类产品上，集中多个品牌和细分种类，强势占领超市货架，形成有利的规模和咄咄逼人的大气候。先立足，再轰炸，最终成为货架上时刻不可或缺的常项。第三个秘诀，则是将产业链上游的毫无生气的大宗农产品初加工业务转换成具有高附加值的、频繁重复购买的、以品牌为卖点的包装产品零售业务。

最后，是上面提及的产业链上不同链条间的多元化，终端业务种类多元化，业务内产品种类和品牌多元化，降低风险，扩大规模，集中力量，增强优势。提起康涅格拉，人们可能鲜有耳闻；提起康涅格拉的各类品牌，大家肯定耳熟能详。该公司是一个装满了知名品牌的大屋（a house of brand），而公司本身则并不是一个著名的大屋（a branded house）。

脱胎换骨：Bruce Rohde 时代（1996—2005）的整顿提高

1998 年，Bruce Rohde 上任 CEO 一年以后，兼任公司董事长。1999 年 5 月，Rohde 倡导了"强动力行动"（Operation Overdrive），旨在整合协调，削减成本，增加收入，提升盈利。康涅格拉从 90 多个独立经营公司（IOC），调整成为十大经营单元，分属于三大业务种类：农业产品、包装食品和冷冻食品。平均下来，包装食品占公司经营利润的 50% 左右，冷冻食品和农业产品各占经营利润的25%左右。此时，Rohde将康涅格拉描述成这样一个公司：五分之一农产品，五分之四食品。食品中一半是零售，一半是饮食服务。

Rohde对IOC结构的调整引起了IOC首领们的强烈反弹。Rohde对其战略远见的实施坚定不移。反对调整或者不能够顺应公司新的经营战略和组织结构的经理人全部被替换。5年之内，公司最高层的400多位经理人中一半是新面孔。Rohde对人力资源和管理人才可谓青睐有加。毕竟，各项业务最终是要靠高效的管理团队来实现的，他相信，人力资源是企业的关键成功因素，选人乃是总公司最重要的任务之一。

Rohde立志于创建一种公司氛围，来吸引那些有能力的人，使他们能够互相信任，共同施展。其相应的薪酬机制，不仅鼓励各个业务单元的短期盈利，而且注重其长期盈利以及团队内部的合作和与其他单元的合作。公司在Harper时期制定的"20-14"总体目标在Rohde任上继续被积极推行。

在以协调为基调的内部整顿同时，Rohde继续了在Harper时代发起的收购运动。Rohde认为，公司在二十多年间的两百多项收购项目，为公司积累了良好的经验和宝贵的财富，使其能够准确地判断一个业务的潜在价值并帮助该业务释放潜能，实现其价值。这种辨识品牌和经营品牌的能力，如果没有得到充分的发挥，将是一种巨大的浪费。因此，在20世纪90年代中期暂时休止的收购运动被再度发扬光大。康涅格拉连续兼并了诸多著名品牌。2000年9月，公司正式更名ConAgra Foods，将其"专注于高附加值的品牌食品的长期战略诉求"载入史册。

进入21世纪，康涅格拉的品牌收购运动依然方兴未艾。而与此同时，大刀阔斧的"业务剥离运动"也在果断上演。Rohde毅然决然地卖掉了周期性较强而且利润空间较小的鲜肉加工业务以及农业化工业务，进一步将经营重心指向附加值较高的、盈利稳定的、而且具有长期发展前景的业务。

管理的幻觉
沉醉于臆想中的现实

在 2002 年和 2003 年之间，康涅格拉剥离了 39 亿美元的资产，直接损失了大概 130 亿美元的销售收入。总销售收入从 2002 年的 270 亿美元直降至 2004 年的 145 亿美元，而同期经营利润则从 6 亿美元攀升至 9 亿美元。这种不惜销售总额排名、自愿瘦身缩水近 50% 的举措，在整个美国企业史上实属罕见。

瘦身之后，品牌产品占到公司销售总额的 75%，剩余的收入来源于附加值稍高的业务，比如其百年强项面粉加工。公司的一切，都要以市场导向和客户导向为准绳。业务被按照客户渠道重新划分成三大领域：康涅格拉饮食服务、康涅格拉零售、康涅格拉食品原料。

品牌食品：Gary Rodkin 时代（2006 年至今）的新阵地战

完成了康涅格拉从一个大宗农产品加工贸易公司向品牌包装食品公司的脱胎换骨，Bruce Rohde 认为需要找一个经营能手来替代他掌管康涅格拉，在食品行业这一阵地战中执着专注地建立优势，提升绩效。新的掌门人应该是一个既能管理品牌营销又能亲自主持业务运营的食品行业专家，一个具有一般管理经验并能担当一把手的经营管理全才。康涅格拉的选择目标最终锁定在前百事可乐公司高级经理 Gary Rodkin 身上。Rodkin，哈佛商学院 MBA，从通用磨坊到百事可乐，一直与品牌包装食品和饮料打交道，拥有 25 年的食品行业从业经验。

> 说到底，公司之增长以及竞争优势之建立最终靠的是构筑与消费者息息相关并且受消费者欢迎的品牌。
>
> ——Gary Rodkin

2006—2008 年，Rodkin 倡导的公司文化围绕着三个基本准则：简单（Simplicity）、责任（Accountability）、合作（Collaboration）。通过这些准

则，公司可以利用自己的优势，以一系列美国家喻户晓的品牌为基础进一步寻求增长。首先，简化业务范围，更加集中和专注。与前任 Rohde 一样，为了盈利，为了专注于强势零售品牌食品业务，Rodkin 不惜使公司再次瘦身，他不仅先后卖掉了 Butterball Turkey 和 Knott's Berry Farm 等一些业绩不够理想的品牌以及包装肉食业务，而且完全剥离了销售收入共 28 亿美元的整个农产品贸易业务，虽然贸易业务仍然处于盈利状态。

2009 年，公司大约 129 亿美元的销售收入虽然比 2008 年降低了 6%，经营利润却增长了 5%，ROE 达到 21%，主要得益于包括 Healthy Choice 和 Banquet 等在内的品牌冷冻包装食品（成品）。无论是产品研发、包装，还是生产运营与销售，冷冻包装食品业务在最近两年都表现优异，并获得了冷冻包装食品行业内的各种奖项。

上任以来，Rodkin 强调的不是销售收入的增长，而是有盈利的、可持续的增长，一步一个脚印。这一点，从公司的销售收入和利润率指标来看显而易见。面向未来，Rodkin 对品牌食品的前景信心十足。在初步实现了成本削减和内部控制之后，Rodkin 的康涅格拉向外界放言，他们已经准备好了，对于通过收购品牌业务的发展模式的再次激情渴望。

纵观康涅格拉近百年的发展历程，我们发现这是一个与时俱进的典范，一个不断自我更新的标本。从第一产业，逐渐向第二产业，乃至第三产业逐级跃迁；从农产品产业链的前端，到全产业链，再到品牌市场终端；一路走来，康涅格拉已经脱胎换骨，洗心革面。

然而，在不断转型调整以及多元化运作的表象背后，我们也惊奇发现了公司经营中超强稳定性的一面。那就是，无论任何时候，公司的收入来源中总有那么一种业务或者一组相关业务稳居主导地位的贡献：早期是面粉加工，后来是鲜肉和包装肉食，再后来则是冷冻包装食品。在 Rodkin 治下，公司更加专注的是加热即食的方便性冷冻饮食成品以及类似的非冷

管理的幻觉
沉醉于臆想中的现实

冻货架长销品。这种专注与侧重更加符合和顺应了人们生活方式的改变以及对健康便捷和好口味包装食品的要求。

恒常之中求变革,变革背后见恒常。这也许是康涅格拉公司百年兴衰史给我们带来的有益启示。

附表 1　康涅格拉战略转型中的多重一致性概览 (1974—2015)

战略转型特点与一致性	Harper (1974—1992)	Rohde (1996—2005)	Rodkin (2006—2015)
战略转型的阶段	启动战略转型	继续整顿提高	实现战略聚焦
战略转型的内容	从粮油加工和贸易向全产业链递进	从全产业链向下游品牌食品拓展	全力注重品牌食品业务的经营
主要收入来源(占总收入或总利润的50%以上)	从原来的面粉加工到鲜肉和包装肉食	包装食品 冷冻食品	方便食用的冷冻包装食品 货架长销食品
坚守利润指标	制定了影响至今的20% ROE利润指标 确立了利润至上的纲领性准则	2002—2004年,不惜砍掉将近一半的销售收入,保证利润率指标的完成	2009年,不惜降低6%的收入,实现5%的利润增长和21%的ROE
推崇和信奉品牌的力量	注重收购有价值的品牌	收购优质品牌;剥离老弱品牌	快消品业务就是卖品牌
通过并购实现转型和发展 通过剥离实现转型和利润	20年间收购了200多个业务 业务收购秘诀: 1. 在一个有价值的品牌落入业务低谷的时候收购 2. 注重收购那些消费者通常重复购买的高附加值的品牌食品 3. 产品品类多元化,强势占据货架,形成气势 4. 在某一品类内集中发力收购,形成规模和气势	在20世纪90年代末期重启公司收购步伐 专注于收购高附加值和利润稳定的著名品牌业务 果断剥离周期性强而利润空间小的业务	先后卖掉了火鸡等一些业绩不够理想的品牌以及包装肉食业务 完全剥离了销售收入共28亿美元的整个农产品贸易业务 通过收购Ralcorp进入自有品牌业务领域,早期效果相对较差

战略转型一致性

（续表）

战略转型特点与一致性	Harper（1974—1992）	Rohde（1996—2005）	Rodkin（2006—2015）
洞察经营环境变化，顺应消费者生活方式与饮食习惯的变化	从粮油加工到食品加工 注重开发和提供健康食品	继续收购和开发健康食品 聚焦高附加值的品牌食品	强调健康和方便食品 注重提高品牌食品的性价比
选择适合公司战略的组织结构	鼓励每项业务独立运营、自负盈亏	调整组织架构，注重协同与整合	责权分明，团队协作
公司对领军人物选择的慎重	卓越的食品业务管理者 坚定果敢、追求利润、信奉品牌、善于收购、洞察环境、驾驭组织 在转型期保持业绩不下滑，保持当下核心业务群的清晰界定，以及公司主要收入来源的相对稳定	二十多年亲身参与公司各项业务并购	优秀的食品饮料业务管理者

（2015年4月22日）

通道战略时序性

通道：连接一切可能

一段美妙的爱情之所以没有出现，可能最爱你而且你也可能最爱的那个人你根本没机会认识。一个企业之所以没有成就伟大，也许因为无法找到最适合它的目标客户群体或者无法与该群体形成顺畅的沟通和习惯性的交易。一个民族，勤劳而不富有，一个国家，庞大而不强壮，可能因为它执迷不悟地在错误的道路上义无反顾地前行。事儿没办成，往往是没有找到正确合适的通道。人间世事，通道连接一切可能。

消化道、呼吸道、体液管道、血液管道，人的生命由一套有机的通道系统来维持。公路、铁路、航海、航空、航天、电信、互联网，整个世界由各类交流通道来连接和支撑。人流、物流、财流、信息流，企业的内部运作与外部经营靠一系列复杂的通道来进行。个人的进步、上升、理想、成功，需要有相应的通道与路径来实现、合适的阶梯与跳板来促成。纵观世事，通道无所不在，通道时刻伴你前行。

胃溃疡、肾结石、肠梗阻、哮喘病、前列腺炎、心梗、中风，人体内通道系统的病变影响肌体功能，甚至殃及生命。地域隔绝、经济落后、政治冲突、战火纷争、贸易制裁、封锁禁运、审查监控，国家间、地区间、民众间、人与人之间交流通道的缺失与受限阻碍其自由沟通。近看现实，通道时常阻塞，通道每每匮乏。

通道战略时序性

病态与健康，平庸与伟大，失败与成功。从现实到理想，从此岸到彼岸，结果受何影响？通道的发现、造就、选择和应用，将起决定作用。上天无路，入地无门，倒霉往往在于摸不清路数。庖丁解牛，游刃有余，关键在于熟悉暗道机关，处处门儿清。通则不痛，痛则不通。生命在于通道的畅通。虽然通道无所不在，但适用、有效和顺畅的通道却远非常态，甚为稀缺。

对于企业经营管理而言，洞悉通道战略，准确地找到阻隔企业与客户之间的"痛点"，乃是有效的战略定位以及商业模式创新的重要基础。成为民生银行的高端客户，你可以买到真茅台，挂到301医院的号。中信银行的职员陪大妈跳广场舞，可以拉到千万元级别的储户。通道需用心。通道很奇妙。通道思维是一种思想启示，通道战略是一种有益的管理实践。通道战略的成功应用，有赖于对各类通道本身特点的了解和把握。

通道的时序特征

根据通道的时序特征，我们可以把通道简单地分类为全天候、间歇性、临时性和再现性等几种。全天候（Dedicated）通道永远开放、一直工作。7-Eleven 的存在，全年每天 24 小时无休，为需要随时便利购物的顾客提供了满足其独特需求的有效通道。机场、医院、大型数据中心等场所必须保持电力运行的安全稳定。为这类业务提供稳压电源和备用电源的企业，比如康明斯，便是其全天候电源安全的通道护卫者。当 CNN 开始进行 24 小时新闻播报时，它开启了新闻全天候通道的新纪元。这种独特的定位，加之其新闻播报的瞬时性、全球性和专业性，很快使得 CNN 成为全球最为重要的新闻信息通道之一。

间歇性（Intermittent）通道则是分时段开放，可以是季节性的，隔

管理的幻觉
沉醉于臆想中的现实

月、隔周、隔日、隔时开通。比如，大城市中的汽车每周按日限号行驶，利用的便是间歇性的通道思维。另外，有些公交车道是全天候公交车专用，有些则只在早晚高峰期才对私家车限制进入。还有，在美国一些大城市中，某些多车道公路上的部分车道是可以在早上与晚上的高峰期改变正反通行方向从而最大限度地吐纳实际车流的。同样，许多比较有特色的饭店，也利用通道思维，积极主动地规划其客户流量。比如北京牛街聚宝源的酱牛肉，一天就定量若干斤，卖完就歇，过时不候。结果是每天都有人在店门口排长队。当然，前提是肉得地道。

再现性（Recursive）通道通常是间歇很长但通行时间极短。某些美国大学校园中，都会有一扇铁门，只在每年夏季毕业典礼那天才敞开一次。这种象征性意义的通道，需要多年磨炼之后才能获得通过的殊荣。正所谓"书山有路勤为径，学海无涯苦作舟"。娱乐内容提供商迪士尼也通常采用间歇性的通道战略。在录像机时代和早期的 DVD 时代，迪士尼的很多经典影片每销售一阵子就会被入库封存起来，从而在市场上造成人为的稀缺。这一轮没有买到的顾客需要等到下一个销售周期才能有机会购买。

临时性（Temporary）通道则指的是非固定的、根据某些具体事件或者偶尔随机出现的通道。比如，某些国家新总统上台之后的大赦便是一些在押人士获得自由的突发通道，仅此一回，难以预料。在商业领域，在若干年店庆或者某些特别的事件之际，一家企业可以推出特别版或者限量版（比如高尔夫茅台），以增加货品的使用价值和收藏价值。当然，某些企业也会刻意地营造"过村没店"的印象从而诱惑顾客购买。比如，北京王府井闹市中，某些贩卖纪念品的小店每时每刻都在小喇叭里鼓噪："全店清仓甩卖，最后三天。"一甩就是若干年。

对通道时序特征的描述，实际上是为了强调一个重要使命，如何使得通道更加智能化，在更好地满足不同客户需求的同时增强企业对通道的操纵和管控。如何控制通道内的流量和速度，是通道战略智能化所必须思考的。容后专文探讨。

（本文编辑修订版曾以"通道战略的时序特征"为题发表于《中欧商业评论》2015年第9期马浩专栏。）

管理的幻觉
Illusions of Management

醉　浪　漫

浪漫是美好的幻觉感。仅有幻觉是不够的，幻觉必须被裹挟在理想的期冀和美妙的想象之中。类似时下流行的无厘头用语"正能量"，浪漫可以被理解为"正幻觉"，曼妙而唯美。避实就虚，求易舍难，趋利避害，抑恶扬善。一般情况下，大家往往喜欢正面的东西，喜欢美好的事物，喜欢不太费劲儿思考和辨饬的说辞与做法。

可以说，浪漫在现实中并不是不存在，而是通常很稀少、或短暂。但大家却宁愿去相信它本来应该很经常普遍，甚至是本应顺理成章、唾手可得。不唯如此，我们还很愿意将一些本来不太光鲜的事物拼命地往浪漫里打扮。粉饰太平，妩媚翩跹，轻松顺畅，愉悦优雅。何必拿一些复杂的难题给自己添堵呢？

在管理领域里，我们倾情信奉各种秘方法宝、大师箴言。核心竞争力可以为企业提供持久竞争优势。领导力一定体现为出色的信任和赋权。决策者的理性神明应该是理所当然。商业模式是企业获利的最新可靠源泉。我们如此浪漫地憧憬和期盼。如果有反面的证据、令人不安的警示与挑战，我们可以浪漫地选择视而不见。

虽然浪漫本身通常短暂，但对曾经浪漫的回味和咂摸可能持续存在。同样，大家也愿意对浪漫的再次降临抑或时刻出现而笃诚企盼，所谓的一厢情愿和难以自拔，类似于英文里的"Wishful Thinking"。这种状态，可以称为"醉浪漫"，即沉醉于浪漫的幻觉中。除非现实过于严酷或者惨遭某种人生突变，这种对浪漫感的沉醉将是一种常态。否则，生活岂不更加黑暗了吗？！

商业模式翩跹

当一个商业概念时髦走俏之际，大家本能的反应是热情拥抱，至少是积极鼓吹和大肆谈论，唯恐别人觉得自己落后。当更新的时髦到来之际，又必须迅速与曾经的时髦分手，甚至绝口不谈，唯恐别人觉得自己老旧保守。于是，时髦常换，谈资常换，幻觉与浪漫感也就与时俱进。当下而言，最新的时髦是商业模式。大家的集体幻觉是，这是一个商业模式的时代，如果你找准了正确的商业模式，你就能够平步青云。到底什么是商业模式，可以说每个人都有自己的定义和概念。这正是幻觉的浪漫之处，宽广包容，随您打扮。

商业模式与战略：如今，商业模式的概念大有取代企业战略之势，到处用来名状企业经营和运作的核心要素与功能。对商业模式的过度追捧与沉迷，可能无端地忽略和割裂了战略管理领域一百年来积累的知识和洞见。

谷歌是弄广告的：大家可能迷幻于谷歌的无所不在，从搜索到地图，从安卓手机到谷歌眼镜，从无人驾驶汽车到基因排序。其实，谷歌的盈利模式非常清晰一致：谷歌整个公司几乎所有的收入全都来自广告这一个来源。

快时尚之跨界行：商业模式的借鉴和创新，正如在企业战略上的模仿和复制，不一定非要拘泥于本行业或者本地区的样本和经验，完全可以跨行业、跨领域学习和移植。本文探讨与快时尚相关的商业模式的考量。

商业模式与战略

在今天的移动互联网时代，无论是创业新秀还是企业巨头，大家似乎都在不断地追问同一个问题：我们的商业模式是什么？它靠谱吗？可持续吗？一个新兴的商业模式可以引爆一场轰轰烈烈的革命，一个过气的商业模式可能使原先的老牌劲旅在顷刻间轰然坍塌。京东和淘宝等电商企业之蓬勃兴旺，正在致使大批的实体店铺销声匿迹。柯达和诺基亚等昔日业界翘楚，在困守常规之际，不幸落伍而痛失其主流地位。以此观之，商业模式的创新与更替，在很大程度上决定着企业的成败兴衰。

显然，每个时代都有自己独特的语境和流行的词汇，它们不仅凸显了当时的趋势和潮流，也反映了大家对趋势和潮流的认知把握以及应对态势。除了"蓝海战略"和"平台战略"等个别说法外，原先甚为高大上的"战略"一词，如今则略显老旧虚空，较少被大家提及。当下的时髦说法，是商业模式或曰盈利模式。其实，商业模式背后，往往是由于技术进步和社会变迁所带来的生活方式和经营环境的变化。而应对这种变化、适时顺境地选择和改变自己的商业模式，正是企业战略管理一如既往的职责。

殊途同归：价值创造乃是根本

纵观历史，作为一门情境艺术，战略的存在已逾数千年。无论用什么称谓来名状与战略相关的行径，不断地提升对其研究、思考与实践，仍将

管理的幻觉
沉醉于臆想中的现实

是企业高层管理者面临的严峻挑战，具有鲜活的现实意义。战略的实质是寻求企业自身特点与外部环境要求的契合，蕴含企业的基本使命，昭示企业的独特定位，开启竞争优势的源泉，保持长期卓越的价值创造。与此相似，商业模式要解决的同样是价值创造问题。

首先，一个企业要选择为谁创造价值，创造什么样的价值。如此，企业需要准确清晰地定位其目标客户群体，了解客户急需完成的任务或者最为强烈的需求（即所谓的"痛点"），并提供相应的解决方案。其次，企业要通过一系列的资源配置和活动安排来创造和交付价值，包括如何构建和管理自己与生态系统内其他成员的关系。最后，企业必须有清晰明确并且可以持续的盈利公式，来保证企业在整个价值创造过程中收获到属于自己的经济价值。

同床异梦：语义表述的差别 vs 实质内涵的不同？

比较而言，上述对商业模式的描述，与常见的对战略管理核心要素的描述几乎如出一辙。价值主张，关系到企业的使命愿景和战略定位。价值交付，涉及战略实施和落地的方方面面。价值捕捉，则意味着企业拥有某种竞争优势以及相应的收获机制去保证企业从中盈利。如此，在很大程度上，可以说战略和商业模式不过是对同一问题和现象的不同说法，只是角度和侧重稍有不同而已。然而，仔细探究，战略与商业模式的差异，并非仅存于字面表述上。

一般来说，商业模式可能要比战略的适用范围更广，属于更加基础性的分析层次，主要体现一定社会和经济发展阶段企业经营模式的主导性趋势和一般性方法，通常受到技术进步的影响。比如，电商与实体店等不同业态代表的是不同的零售商业模式。战略，则是要在企业的经营活动中造就自己独特的地位（与对手的差异性），无论对手采用不同的商业模式还是相同的商业模式。率先采用某种商业模式，这本身就是一种差异化战略。比如，亚马逊首创的网上书城，相对于传统的实体书店，就是一种典型的差异化战略。而且，在同一个商业模式之内，仍然有不同的战略可以供企业选择，比如专业化电商（聚美优品）的聚焦战略与综合电商（京东商城）的多元化战略之间的差别。

战略管理：商业模式的选择和取舍

就公司战略而言，不同的业务（甚至在同一业务内）可以同时采用不同的商业模式。比如，苏宁的电商业务与实体店并行共存。再比如，瑞士斯沃琪集团旗下的 Omega 和 Swatch 腕表，分别定位于高端和低端，前者奢华经典，后者活泼时尚。不同的客户定位和价值主张意味着不同的商业模式。Swatch 是对新商业模式的应对，Omega 是对传统商业模式的坚守。从这个意义上讲，战略管理的挑战在于对不同商业模式的选择取舍与适当组合。

值得一提的是，以 Omega 为代表的众多瑞士钟表企业并没有改变其手工精品的商业模式。以石英表为代表的新型计时产品以及与其对应的新商业模式，也并没有像汽车颠覆马车那样将手工精品模式送进历史博物馆。遵循传统的商业模式以及与之匹配的战略，并在该商业模式内不断创新，正是一种基于独特竞争力的战略固恒。从这个角度来看，某些战略选择可以跨越时代，使得企业（至少在某些细分市场内）能够抵御行业中商业模式变迁所带来的动荡和威胁。

如今，创业大军风潮涌动，资本势力刀光剑影，大家对商业模式的青睐和焦虑更是与日俱增。不畏浮云遮望眼。对战略管理精髓的把握有助于

管理的幻觉
沉醉于臆想中的现实

我们更好地理解和应用商业模式的概念，去粗取精，去伪存真，更加清醒地辨识那些价值创造的基本规律以及各类昙花一现的风潮和噱头，从而增进商业模式创新的可能性。商业模式创新不应该是缺乏真实竞争优势的遮羞布。卓越的价值创造有赖于持久的以及不断更新的竞争优势。竞争优势的获取和保持，正是战略管理的终极诉求，包括对商业模式本身的审视和再选择。

（本文编辑修订版曾以"商业模式的时尚和战略管理的厚重"为题发表于《中欧商业评论》2015年第4期马浩专栏。）

谷歌是弄广告的

2014年，谷歌品牌以1 074亿美元的估值高居Interbrand全球最佳品牌榜的第二位，仅次于风靡全球的苹果品牌。难怪，谷歌自己就是倒腾广告的，打磨自己的品牌那是相当地在行。谷歌的"故事流"仿佛就没断过。2004年，大家刚开始意识到谷歌的搜索引擎比雅虎好用的时候，谷歌开始做地图了。同年推出的Gmail也赚足了人气，你想试用，得有人推荐和邀请！2005年，谷歌兼并安卓，进军手机领域。2006年，谷歌兼并Youtube，介入视频业务。2009年，通过并购AdMob，谷歌引领移动互联网广告潮流。再往后，谷歌把摩托罗拉移动买了又卖了，开始做社交了，开始研发无人驾驶汽车和谷歌眼镜，进入智能家居和物联网、机器人、云计算、基因排序，等等。一时间，谷歌长袖善舞，无处不在。

清晰的使命定位和简明的盈利公式

谷歌的使命到底是什么呢？"整理世界的信息并使之在全球范围内最大限度地易得适用。"美国曾有数据显示，70%的电子商务交易源自网上搜索，40%的网上搜索由商业意图驱动。谷歌使命定位的商业含义非常清晰：通过用户的搜寻和在线行为了解其动机，并从中获取商业利益。针对搜索内容的定向广告是实现谷歌使命的利器。

谷歌的业务很多元吗？是的。至少从其参与的业务范围来看，可谓五

管理的幻觉
沉醉于臆想中的现实

花八门、眼花缭乱。谷歌的收入来源很多吗？非也。复杂背后有简单。谷歌的商业模式非常清晰，盈利公式极为简明。说白了，谷歌就是一个广告公司，用高科技手段职业倒腾广告的。

在过去的10年里，广告收入在谷歌的总收入中所占比例平均在95%以上，有些年份高达99%（比如2004年和2007年）。2013年和2014年广告收入的占比分别是91%和89.5%。虽然最近几年广告收入的比重略有下降，但90%左右的比重，无论从哪个角度来看，都是绝对压倒多数，一支独大。无广告，不谷歌。广告收入中，约70%来自谷歌自营业务（AdWords），30%左右来自谷歌的合作网络（AdSense）。2013年，谷歌在搜索市场上占据67%的美国市场份额。2014年，谷歌在移动端的广告收入占全球移动端广告总收入的40%以上。

聚焦一个核心进行战略布局

其实，无论是通过自主研发还是外部收购，谷歌的总体战略和业务创新一直是依照其收入和利润的核心源泉——用信息换广告——为逻辑主线来布局的。那就是千方百计地使人们尽量多地使用网络，使用搜索，使用谷歌的应用和服务。对所有业务创新的最终检验也许只有两个：是否符合公司使命？最终能否从中获利（Monetize）？

谷歌董事长施密特曾经说："第一步是要做到无处不在，然后才是收入问题。如果你能构建持续地吸引眼球的业务，你总是能够发现明智的方法去从中盈利。"在吸引眼球方面，谷歌颇具耐心，放长线、钓大鱼，希望通过自有技术的开发控制信息技术的架构与平台，从而最终成为主导物种，占据生态系统的制高点。作为主导物种，谷歌为内容提供商、广告商、第三方开发商和用户提供了互动的平台。谷歌在硬件、操作系统、数据管理软件等方面保证了它从头到尾的控制。

回头再看谷歌令人目不暇给的各种故事，似乎顺理成章、行阵有序。其实，在提供有用信息这一使命的大前提下，谷歌的布局还是相当有自律和结构性的。邮箱、地图、视频、浏览器、办公软件、专题搜索、手机开发与制造、平板电脑、移动操作系统、社交、电商、云平台等，这些业务的核心共性，是其背后的广告收入。虽然谷歌的无人驾驶汽车和谷歌眼镜等新潮项目为谷歌赚来了激进创新的显赫声名，但是迄今为止，其主要的可盈利创新仍然主要发生在与搜索相关的核心业务上。

所有的业务都是要鼓励人们更加频繁广泛地使用互联网，尤其是移动互联网。谷歌共同创始人布林曾说："我们希望人们尽可能多地使用他们的手机，无论是安卓、苹果，还是其他什么手机，其实都无所谓。"如今，CEO佩奇则采用一个著名的"牙刷准则"来衡量潜在并购对象：它们的产品是否客户每天都要使用一两次？是否使人们生活得更好？仔细想想，即使看来已经跨界甚远的无人驾驶汽车，也更是离不开实时的地图搜索和应用。

也许乔布斯多虑了

2011年，佩奇在乔布斯去世前曾去拜访。乔布斯告诫说："我曾经主要强调的一点是专注。要设想一下谷歌长大以后想成为什么样的公司。现在谷歌是无所不在。哪五个产品是你想专注发展的？剔除其他的业务，因为它们会拖累你。它们会把你变成微软，制造一些过得去但不够伟大的产品。"

也许，谷歌还年轻，需要野蛮成长，也许它核心业务的特点以及想要进入的发展空间必然意味着它要不断扩张。不管佩奇是否听进去了乔布斯

管理的幻觉
沉醉于臆想中的现实

的建议,在不断兼并和拓展业务的同时,谷歌确实也开始退出一些定位和优势不甚明朗的业务,比如 Google Talk 和 Google Buzz 等。收购摩托罗拉获得技术专利之后,谷歌又迅速地剥离了并不符合谷歌使命的手机硬件业务。

谷歌在成长。至少,无论业务多么繁杂,钱袋子通过什么方式鼓起来还是很清楚的。也许,乔布斯多虑了。更何况,现在谷歌与苹果在品牌价值上只是一步之遥。君不见,那么多亢奋不已的公司还在把四处出击当做特色无限的商业模式呢!市值也不低呀!

(本文编辑修订版曾以"关于谷歌,也许乔布斯错了"为题发表于《中欧商业评论》2015 年第 7 期马浩专栏。)

快时尚之跨界行

最近，笔者在北大 BiMBA 课堂上讨论了 ZARA 的案例。作为一家全球著名的"快时尚"服装企业，ZARA 在时尚捕捉、产品设计、材料采购、生产制造、物流配送、门店经营、数据管理、品牌打造等多方面引领潮流、卓尔不群。对服装生产和销售整个产业链上各个环节的精心安排与把控，使得 ZARA 能够将较高性价比的当期时装以全球最快的速度呈现给那些热衷时尚、追逐新潮但又财力有限的消费族群。

小批量，多品种，快节奏，勤周转。你在店里货架上看到的是该店所有的商品，没有仓储，没有库存。你今天看上某件衣饰，过两天再来可能已经被别人买走了。三天之内，一个 ZARA 店铺可以把货架上所有的商品全部更换一遍。每次去 ZARA 的购物体验，都是类似最后一次的机会。

商业模式的实质内涵与跨界应用

我在课上要求大家找一个类似的中国企业，与 ZARA 进行对标比较。全班 4 个小组中有 3 个选的都是美特斯邦威，另外一个小组所选的也是一家类似的服装公司。用国内领先的休闲时装企业与 ZARA 进行比较，也算是业务相仿、相对契合。然而，我总是有些不太满意，隐约觉得哪里有些不足。

概而言之，对于一个精彩的商业模式的考察，尤其是其创新性的应用，我们思考的重点也许并不仅仅在于同业模仿和跨境复制。更为有价值

管理的幻觉
沉醉于臆想中的现实

的工作，可能是要系统地了解该商业模式的具体构成要素和运作机制，并在此基础上去推及它可能同样适用的其他行业。这是跨界创新的思维。

耐克创始人菲尔·奈特在斯坦福大学读 MBA 的时候曾经写过一个商业计划书。其核心主旨是在日本制造专业的运动鞋，进而返销西欧、北美。奈特所对标的，是日本照相机企业的商业模式：利用日本优质而低价的劳动力大规模地量产较为专业的照相机，销往西欧和北美等比较富裕的中产阶级市场。

奈特并没有制造另外一种照相机，而是根据自己的兴趣和专长，在 1962 年将这种低成本制造的商业模式应用到了运动鞋行业。当时全球运动鞋的顶尖品牌是德国的阿迪达斯。奈特认为人工昂贵的德国并不是全球最适合安放制鞋机械的地方。

同样，戴尔公司当年的看家业务（为客户大规模定制 PC）与麦当劳的流水式快餐提供在商业模式方面极为相似，都是快速地对预制好的元器件进行拼装并含有一定的定制成分。只不过戴尔卖的不是汉堡，而是 PC；针对的主要不是个体客户，而是公司客户。

其实，ZARA 与沃尔玛在商业模式上也是既有异曲同工之妙（基于信息、采购、物流、门店管理等多种优势的"快"），亦有对不同货物品类的专长与侧重。大概二十多年前，沃尔玛就能在三天内将一个店铺的货物全换一遍。但沃尔玛贩卖的，大多是经年历久的长销品。而 ZARA 呈现的，则是瞬息变换的时尚物品。

商业畅销书：中信出版社的"快时尚"

陈东升曾言，率先模仿就是创新。最近也有人说，C2C 就是"复制到中国"（Copy to China）。其实，还有一种做法，更为简单直接，既不模

快时尚之跨界行

仿，也不复制，那就是T2C，即"翻译成中文"（Translate into Chinese）。这种事儿，一百多年来，就基本上没有断过。

严复们、梁实秋们以及商务印书馆等机构们都干过。商务印书馆的"汉译世界学术名著丛书"使无数中国学者受益于西方的精神文明。中国社会科学出版社在20世纪80年代出版的马洪主编的"国外经济管理名著丛书"为中国管理学教育的发展做出了不可磨灭的贡献。延续这一传统，如今，机械工业出版社的华章经管则致力于对相对经典的管理文献进行全面系统和权威精准的翻译和介绍。

当下引领T2C"快时尚"的应该说是中信出版社。其品牌定位越来越清晰：流行商务书籍的提供者，主要是西方（尤其是美国）商务畅销书的提供者。从英文商务畅销书的问世到其中文版的问世，可能只需要两周到一个月的时间。如果提前介入，很可能达到与英文版同步出版。这就要求足够的专业和敏锐，洞悉美国商务畅销书市场的动态，识别风尚和潮流，调配翻译队伍，组织生产和销售。这意味着对全产业链上几乎所有环节的介入，包括最后的零售门店，比如中信的机场书店。

于是，大家都知道，如同ZARA一样，中信出版社的书是"快时尚"。ZARA有庞大的设计队伍。但其时尚灵感，离不开巴黎和米兰的全球时装顶尖品牌的新意。同样，中信基本不去原创时尚，主要是快速地"翻译"和"疍贩"西方时尚。

时尚就是时尚。流行自然流行。这主要是事实判断的问题。无须断定好坏或者进行深入细致的价值探究。还没有纠缠清楚好坏呢，时尚早已变了，新的东西又开始流行。哪有工夫和心思琢磨好坏？

正像大多数人只是追求时尚而并不一定完全在意时尚是否适合自己，众多的读者买书也主要是为了不让自己感到落伍。至于书中是否有真知灼见和所需营养，或者真正值得仔细去阅读，那倒是次要的问题。

管理的幻觉
沉醉于臆想中的现实

化妆品：在新鲜和快速上做文章

说到"快时尚"商业模式，从跨界思维的角度来看，其实还有一个行业可以颠覆，那就是化妆品行业。按照现在流行的行业标准，无论是多么声名显赫的世界名牌，化妆品的保质期通常都在一年以上或者更长。即使是有各种令你美容养颜、增嫩保鲜的所谓活性物或者神秘成分，那也是被封在各类容器里相当长时间了。你每天乐此不疲地施用的，可能都是活性物的"尸体"。

你的肌肤为什么不能享用一点新鲜的食物？新鲜的化妆品能否像牛奶或者报纸一样每天早上被送到你的家里？那才是真时尚！要快哟！

（本文编辑修订版曾以"'快时尚'也跨界"为题发表于《中欧商业评论》2015 年第 12 期马浩专栏。）

领导力的浪漫

  在所有的管理学文献中，一个最为浪漫的话题大概当推领导力了。从变革性领导力到真诚领导力，从赋权型领导力到服务型领导力，从人格魅力到表率先锋，与领导力相关的描述往往是所谓的高、大、上，伟、光、正，浸润于一袭玫瑰色的浪漫氛围之中。领导者言之切切，追随者期许殷殷。媒体报章更是大肆渲染、倾情鼓吹，领导者应该如何，领导力当是怎样。听来引人崇敬，思之令人向往。领导者到底为什么受到下属追随呢？事情远非那么简单。

权力支撑领导力：说得极端直白一些，领导力不过是"狐假虎威"。领导力背后真正起作用的关键因素，则是不折不扣的权力。在组织中，权力决定什么事情得到解决。没有权力，领导者也不可能有担当，也很难获得追随者的实际承诺。

领导力之张力场：领导力自身充满了一系列张力，并非黑白可鉴、泾渭分明。天使与魔鬼，利他与利己，热情与孤傲，天真与事故，宏阔与细微，奖励与惩戒，创造与破坏。领导力是一个多层面、多维度的矛盾综合体，完全相反的特质可以同时出现。

孔雀开屏看背面：领导力自然有其阳光灿烂、玫瑰浪漫的一面。但其阴暗面绝对不可忽视。自恋自私，自以为是，躁郁极端，人格分裂，不择手段，专注目的。典型和出色的领导通常具有复杂甚至病态的人格。本文从疾病传播的角度评介领导力的病态人格学说。

权力支撑领导力

无论在家里还是在学校,你大概从小就被家长和老师灌输要乖、要听话。长大后,你惊讶地发现,那些当你老板的,通常是一些不怎么听话也不怎么乖的人。你初入职场,梦想飞黄腾达、出人头地,于是虔诚地捧读各类有关领导力的宝典秘籍——国人颂扬的仁、义、礼、智、信、勇、严,西方人热衷的远见、正直、诚信、荣誉、公正。然而,你可能更加惊讶地发现,这些美妙的说辞,通常不过是老板上位之后所愿意兜售的(抑或授意、引诱、怂恿、威逼别人所兜售的)大家愿意倾听的"正料真经"。而他们如何当上老板,又如何在现实生活中立身行事,可能与时髦正宗的所谓"领导力理论"之撩拨大相径庭、差距甚远。

领导力的浪漫

无奈,人类文明的一大功效之一,就是把一些令人不爽的各类赤裸裸的行径貌似优雅地裹挟在虚幻浪漫的帷幔之中。如果什么事儿都一针见血、直白惨淡,行者、观者、言者和听者都会感到不自在和难为情,甚至极端焦虑、郁闷、愤懑抑或惊恐。所以,大家对赤裸裸的真实,往往选择视而不见,情愿自欺欺人地生活在自己营造的氛围里,并希冀这种氛围是自己的智力所能够驾驭的、情感上可以接受的。于是,组织中荷枪实弹的利益对垒和剑拔弩张的权力交锋被无端地名状成了轻盈曼妙的配乐诗

管理的幻觉
沉醉于臆想中的现实

朗诵。

领导力、影响力、执行力；智商、情商、魂商；见识、知识、胆识；激情、理性、梦想。一切与领导力相关的描述，无不显得道德优越、风范优良。"黯淡了刀光剑影，远去了鼓角争鸣"，有关领导力的倾情鼓噪，被动机各异的文明人士奔走宣告、争相传诵，被不明就里的芸芸众生半推半就地接受，稀里糊涂地地信奉。这一众文明人中，不乏政客、商贾、学者、咨询师、培训员、大众传媒人。他们俨然文明的守护者、高尚文化的代言人。正史大抵是要由此类人书写的。

权力的直白

其实，权力的定义非常简单直白：按照当权者自己的意愿把事儿办成。意愿与意愿冲突，力量与力量对阵。最终，谁强谁胜出，谁有权谁成事儿。这是属于事实判断层面的问题，无须直接诉诸任何价值判断和道德褒贬。正像斯坦福大学菲佛教授一针见血地指出的，权力的存在和应用，无须假设世界是公正的，何况世界本身是不公正的。享有权力的人，不一定招致大家的喜爱，也可能无意于获取大家的喜爱。问题的实质，是使大家接受权力的作用从而实现当权者的意愿，而不是沉溺于喜爱本身。

也许，在很多人心目中，领导力说的跟权力恰恰就是同一回事儿。若果真如此，真没必要兜那么大的圈子。之所以费尽心机营造领导力的浪漫情调和道德优越，其一，是要掩盖一些不愿示人的行径：如何纵横捭阖甚至不择手段地获取权力、保持权力、应用权力；其二，是要赋予当权者更加正当的合法性，使得其所作所为在名分上符合大家共同期望的理想风范和标准。

尽管如此，领导力是狐狸，权力是老虎。狐假虎威。尽管大家通常会被领导者的人格魅力与道德禀赋所感染，但如果一个领导者没有足够的权力基础，或者没有潜在的权力升值空间，该领导者注定不会有死心塌地的长期追随者。而对于一个没有追随者的领导而言，奢谈领导力，就像一个空有驾照但从来没有开车上路的人夸耀自己驾驶记录良好，没有吃过一张罚单。

真实的世界和期望的世界

我们不妨系统地反思一下，在貌似强调和追求民主、合作、公平、参与、公开、透明等原则的今天，权力的构建与争夺是否与我们的日常生活渐行渐远。大家是否仍然热衷于营造自己的权力，致力于打压或消除对手？老板们是否仍然习惯于重用那些自己喜欢的人、自己认为忠诚可靠的人？大家在工作中是主动与别人合作还是喜好自立山头？单位的同事在晋级与提升时是谦谦相让、坐等结果还是四下游走、运动疏通？人们对于金钱、名誉、地位以及各种利益的争夺是更加泰然处之，还是愈发地变本加厉？大家是真心实意地要反对腐败还是不满于自己没有机会腐败？

人们的行为往往会受到他们对世界的感知与认识的深刻影响。一个智力严整的人，应该冷静地去观察和分析真实的世界原本是什么样的，而不仅仅是按照自己的期望和别人的憧憬去想象世界应该是怎么样的。毫无疑问，理想和憧憬是必要的，那是为了人类社会总体的进步和提升，为了改变世界。

而在改变世界之前，即使是立志于改变世界的人们，首先也需要生存。生存，面对的是严酷的现实，必须关注世界的原本模样。按照自己的意愿生存，首先要解决的即是权力的获取问题。按照自己的理想去改变世界，仍然取决于权力的获取。

管理的幻觉
沉醉于臆想中的现实

如果你只是希望被领导，那么不管什么说法大概都无甚所谓，领导力、影响力、权力，反正是按照别人的意愿行事。如果你想领导别人，想按照自己的意愿让别人把事儿办成，那你不得不关注权力的获取、保持和应用，无论你给简单直白的权力披上多么浪漫华美的领导力外衣。

（本文编辑修订版曾以"领导力的'狐假虎威'"为题发表于《中欧商业评论》2014年第1期马浩专栏。）

领导力之张力场

领导力：天使之笑还是魔鬼之力？

过去曾经流行这么一个说法：一个基层领导，比如生产队长，如果只看他的优秀事迹，可以让他披红戴花上北京当模范；如果把他的劣迹恶行全部抖搂出来，可以让他立刻停职反省甚至锒铛入狱。他的确是一个非常有领导力的干部，他也确实是有很多问题。一半是天使，一半是魔鬼。在展现超强领导力的同时，也自然地暴露了一些令人难堪不齿的问题。为什么我们不只挑那些有领导力而没有问题的人当领导？是不是有领导力的人注定会有这样那样的问题？能否只得到魔鬼的魔法而不要魔鬼本人？

再看乔布斯，雄才大略，使命清晰，傲视群雄，骄人业绩。在 PC 时代与微软分庭抗礼，在移动互联网时代，绝尘一骑。美国《财富》周刊在 2006 年曾经放言，像乔布斯这样的颠覆性领袖人物才是 21 世纪 CEO 的典范。然而，乔布斯的种种卑劣行迹亦是令人瞠目结舌、惊叹不已：唯我独尊，桀骜不羁，为所欲为，脾气暴戾，拒绝批评，铲除异己，随时随地当众羞辱苹果高管和下属，公然声称消费者无知、对手无趣。而那些看不惯乔布斯的人们也是丝毫不为逝者讳，大肆指摘，认为乔布斯不过是一个自私傲慢的"贪婪的混蛋"。

有问题的领导，是否具有领导力？有缺陷的领袖是否是好的领袖？这涉及事实判断和价值判断两种尺度的分歧。在事实判断层面，如果我们将

管理的幻觉
沉醉于臆想中的现实

领导力定义为领导者为了实现某种既定目标而影响下属的能力，那么目标的实现本身便是领导力有效的明证。至于目标本身的好坏，则是价值判断的范畴。在评判一个领导者是好是坏之前，首先需要搞清楚一个领导者是否有效，有所谓的领导力。说得更加直白一点，鉴别领导力的唯一硬指标，就是看领导者是否有追随者，有持续热衷甚或死心塌地的追随者。

金无足赤，人无完人。水清无鱼，人察无徒。纵观人类历史，大凡被广为称道的领袖，通常具有重大的人格缺陷。这些缺陷，也许会最终导致他们的众叛亲离和下场惨淡，但起初吸引众多追随者与之共创辉煌的，也恰恰是这些所谓的缺陷。正是这些与众不同的人格禀赋和行为特点，使得他们脱颖而出，敢为人先。也正是这些超乎常人的禀赋和特点，与其追随者向往和敬畏兼具的复杂心理一起交互作用，构成了大家对领导者的英雄崇拜。有些流芳百世，有些遗臭万年，有些在流芳与遗臭之间反复盘旋。见仁见智。时事翻跌。

领导力的实质和内在张力

从技术层面来看，领导力是领导者与追随者之间在某种特定情境下的一种关系属性。领导力的有效性及其强弱取决于领导者的禀赋特质、追随者的诉求预期、组织的任务特性以及外部环境的特点与变化。世界纷繁复杂，人群形质各异。领导力，注定不会简单地迎合某种单一线性的轨迹，而通常是一个多维度和多层面的现象，蕴含了各种冲突和矛盾，充满了多重内在张力（Tension）。比如，一个有效的领导者，在大力创建的同时，一定是一个破坏者，所谓的破旧立新、不破不立。破和立如何平衡，这是考验领导力的一个常见测试。

领导者的品性特征（Traits）、情感投入（Emotion）、率性天真（Naivety)、宏阔场景（Spectacularity）、激励手段（Inspiration）、公开程度（Openness）以及破坏力度（Negation），每一个维度和层面上，往往不是非黑即白、泾渭分明，而是交互作用、同时出现、二律背反、对立统一。因此，领导力的有效性在于领导者在上述维度的表现组合以及对各种内在张力的掌控拿捏。

本文试图从上述七个方面来解读领导力的内在张力。有两点需要说明。首先，这七个维度虽然能够大致勾勒领导力的粗略风貌，但并不能完全涵盖领导力的各个方面，只是花海撷英、管中窥豹。其次，由于篇幅所限，每一个维度上，只选取一个比较具有代表意义的典型事项进行阐述，聚焦于冲突张力，而并不对该维度做全面综合的详查（见表1）。

表1 领导力的内在张力（Tension）

领导力维度	典型事项举例	冲突张力解读
品性特征（Traits）	自以为是 vs 同情他人	强势自信、唯我独尊 vs 换位思考、理解他人
情感投入（Emotion）	冷峻孤傲 vs 温柔体贴	情不外露、保持距离 vs 柔情示人、体贴亲临
率性天真（Naivety）	世故老道 vs 幼稚天真	通晓世故、深谙人欲 vs 率性而为、浪漫天真
宏阔场景（Spectacularity）	浮华缥缈 vs 细致入微	浮华绚烂、宏阔壮丽 vs 直接关照、个体利益
激励手段（Inspiration）	丰厚奖赏 vs 严厉惩戒	重金奖赏、丰厚礼遇 vs 严厉惩罚、鞭策恐吓
公开程度（Openness）	前台表演 vs 背后操纵	公开透明、象征意义 vs 私下斡旋、暗箱操作
破坏力度（Negation）	颠覆破坏 vs 创新构建	颠覆传统、破坏规矩 vs 建功立业、奠定新基

管理的幻觉
沉醉于臆想中的现实

品性特征：自以为是 vs 同情他人

在领导力文献中，着墨最多的当是对领导者品性特征和人格禀赋的研究。从相貌气质到性格特点，从心理学的各种人格指标（比如"大五人格量表"）到世俗大众信奉的面像特征甚或体型身高，人们极力希望能够鉴别领导者身上与众不同的特点。最近，学者们最为津津乐道的似乎是所谓的自恋型领导者。自恋型领导的说法，其实很是多余。事实上，没有人不自恋，领导者尤其自恋，否则也当不上领导者。

时下的心理学研究领域，倾向于将自恋看作人格特征的一个正常维度，并不必然是一种病态。不妨看一下通常用来表述自恋的辞藻：自我为中心，自以为是，自我感觉优越，自信心超强，自认为拥有理所当然的权力，强势霸道，善于利用他人，无视成规与公正，喜好浮华和宏阔的场面，需要不断被证实自己的重要性，追求关注、敬畏和崇拜，缺乏换位思考和同情心。放眼观瞧，这关于自恋的描述跟领袖特征的描述基本上如出一辙。

这一点儿都不奇怪。自恋者注定自我意识强，在乎自己的形象，在乎别人对自己的反应（当然是正面反应！），更要刻意寻求和营造某种氛围去展现和发挥自己的强势和重要性。实证研究表明，一般而言，自恋者并不一定比不自恋者（或曰不过度自恋者）能力强（当然也不比他们弱），而是由于他们所展现出来的个人品性更易于为人们瞩目甚至欣赏和追捧，因而更能够帮助他们成为领导者。

值得一提的是，自恋者的一个显著特点是缺乏"换位移情"的能力，亦即从别人的角度思考问题的能力。自恋与移情，似乎存在天然的冲突。自恋倒是无所谓，甚至必需。如果自恋者能够同时体恤民情，换位思考，理解他人，把自己的抱负积极地映射到潜在追随者的梦想之中，以一己之意愿塑造未来，则其领导力可能会更为神勇无敌。

通常情况下，自恋的领导者认为自己先知先觉、无比神明，没有耐心和必要去体会他人如何思考。受到别人噪音的聒噪干扰，只会分散精力和降低行进速度，有害无益。有些情况下，还确实如此。这就更加美化了自恋者的光环，使其神话得以印证和传播。正所谓"艺高人胆大"。

"我不相信一帮群氓的集体智慧"，卡莱尔如是说。乔布斯如此行。某位苹果公司前员工说，乔布斯极端地自以为是，不把任何人放在眼里，让你恐惧让你哭，但他通常是对的！即使他是错的，也是如此富有创意，令你不禁目瞪口呆、叹为观止。

民主造不出伟大的产品，你需要一个能干的暴君。比亚迪的王传福也毫不示弱地展现自己至高无上的专长和判断：这里上上下下我最懂技术，不需要与别人商量，也没人可商量，就是由我来拍板做决策！

情感投入：冷峻孤傲 vs 温柔体贴

领导力的效果，在很大程度上取决于领导者与追随者之间的情感距离。自我意识超强的领导者，往往要刻意营造一种高深莫测的神秘氛围，包括自己所参与的活动范围、出场时机、讲话内容和互动方式，都要精心准备和安排。所有的新闻报道，尤其是图片形象都要自己亲自审定，在公共场合要塑造和维护某种威严高耸的形象，通常情感不过于外露，要与外界和公众（包括组织内的人员）保持一定的距离感。这样可以巩固领导者权威的形象。

然而，过于冷峻孤傲，又难免会与追随者产生隔阂。于是，为了显得亲民，与追随者打成一片，必须在适当的时机释放真情，尽现温柔体贴，

管理的幻觉
沉醉于臆想中的现实

从而拉近与众人的心理距离，使大家真切地觉得领导者不仅日理万机而且与大家一样同呼吸、共命运。当然，这种距离感的拿捏是一种情境艺术。可以在场面上保持距离，在私下里关怀体贴；在某些事务上公事公办、丁卯确切，在其他事务上睁眼闭眼、不计你我；对上级或者同僚不卑不亢，对下属和追随者亲切随和；对心腹者直白相见，对外人礼貌客气；等等。

美国传奇教练巴比·奈特，曾执教三家大学篮球队，前后长达四十多年，在其2008年退休之际，是当时美国大学生联赛历史上得胜场次最多的教练，并三次获得NCAA全国联赛总冠军。他曾是1984年奥运冠军美国队的主教练。奈特以要求严格著称，冷峻孤傲，脾气暴躁。训练时可能会对表现不令他满意的球员极尽羞辱。

奈特的儿子在自己队上效力的时候，奈特也不惜对其拳打脚踢。但奈特在其他场合也会流露出自己慈祥关爱的一面，比如，他坚持要求自己的球员不耽误学业，并自己掏腰包帮助家庭有困难的球员补课或者热心为球员患病的家庭成员寻找良好的医疗服务。

率性天真：世故老道 vs 幼稚天真

一个出色的领导者通常深谙人性，尤其是人性的弱点和痛点，知道哪些时候可以任性发挥、为所欲为，不至于招致大家的过分不满和抗争；哪些时候需要世故圆滑、投其所好，关照别人的情绪和感受，使之主动就范。比如，在中国的文化传统中，孝道永远是天经地义、无可退避的。

本书前面提到的苏州固锝电子，以孝道为中心构建企业文化体系，鼓励员工孝敬父母。比如，公司给优秀员工的奖励款项一部分直接发给其父母家人。这样做的结果是，如果某个员工想要离职，连他自己的家人都会主动劝阻。这种基于人性的深度考量被选择作为均质化的企业文化的价值基石，用来统一员工思想，朴素率真、简洁高效。

领导力需要想象力，要引领大家，怂恿大家，激发大家，去做一些貌似难以成功的事情。世故老道，主要在于潜心操纵，而激发别人的想象力和大家的创造力，才是非凡领导力的试金石。知其不可为而为之，有时候是要有些幼稚天真和荒唐无稽，甚至异想天开般地盲目自信，像堂吉诃德一样去挑战自我，改变世界。

谷歌的创始人，热衷于他们所谓的"射月计划"，即那些成功概率极小但潜在收益巨大的创新项目。最近不是正在流行这样一种时髦的说法吗？"梦想还是要有的，万一实现了呢？"显然，这种超常魄力的领导力，在普通企业是很难想象的。在这种梦想的催动下，失败，在数量级上也注定是十分了得。

宏阔场景：浮华缥渺 vs 细致入微

领导者，尤其是自我意识超强的领导者，往往需要强大的仪式感，去表现自己的重要身份和优越地位。他们喜好浮华绚烂的场景和宏阔壮丽的氛围。善于揣摩领导意图的下属也往往投其所好，伺机营造各类仪式感宏大的场合来凸显领导者的地位重要、水平高超，抑或谈吐风趣、作风亲民。能够参与和见证这种仪式的下属往往将这种经历和感受奉为至上的荣誉骄傲和终极的巅峰体验。

项羽设鸿门大宴"款待"刘邦。周瑜群英会计陷蒋干："看我军威可雄壮否?!"曹操统兵几十万下江南，也要号称八十三万！横槊赋诗，对酒当歌，风流几何！如今也是一样，国企老总莅临会场，下属立刻全体起立。乔布斯发布个新产品，要声势浩大，举世轰动。国内的各种自视甚高的"×布斯们"也都纷纷争相效仿，舍我其谁！

管理的幻觉
沉醉于臆想中的现实

除了场景和气势宏大之外，还要有庄严的使命和华丽的愿景。这样可以使组织中的每一个人把自己的所作所为融入一个更为波澜壮阔的事业之中，或者说把宏大的意义分解落实到每天的所作所为里。于是，美国航天航空总署的清洁工每天不再是简单地打扫卫生，而是为登月计划助力建功。

苹果 Macintosh 计算机的设计师被乔布斯告诫要缩短开机时间，是因为这等于变相救命——用户干坐着等待开机无异于是在浪费生命。当年，乔布斯把斯卡利从百事可乐挖来做苹果 CEO 的时候，说的更是高大上："你是准备一辈子在百事卖糖水，还是到苹果来跟我一起改变世界？"

需要强调的是，无论场景和远景如何宏大，人不只为宏阔虚幻的感觉而生存，最终每个追随者的诉求必须得到关照和满足。解放全人类，从而解放自己。打土豪，分田地，是微观的动机。

激励手段：丰厚奖赏 vs 严厉惩戒

在组织中，影响和激励他人的手段，无非是奖赏和惩罚，抑或同时并行。设定预期，建立规程，评估业绩，奖励模范，鞭策后进。重金奖赏、丰厚礼遇是为了树立典型，营造尊重人才和崇尚业绩的风气。对于后进的督促和鞭策，以及对错误与失败的惩罚，或者对难以容忍的恶行劣迹乃至罪恶的严厉惩戒，是营造公正氛围和保证令行禁止的必要手段。

然而，通常说的奖赏分明，只是制度建设方面的基本原则，而对奖赏的具体把握和应用则是领导力的自选动作，其临机发挥，需要刚柔并济、因人而异，依据情境适时而动。

超规格的重奖和故意的重罚，都可能是为了强调和凸显某种人和事件的象征性意义。赵王在蔺相如完璧归赵之后，不计其舍人出身，举其为相，彰显了对谋士的尊重，引出后来将相不和的曲折故事以及廉颇负荆请罪、将相和好的一段佳话美谈。

包文正处决贪赃枉法的侄儿，李自成怒斩骚扰百姓的堂弟，于人情和法理，也许都可能量刑过重，但为了树立领导者自身形象或者端正组织风气，不得不为之。曹操下令烧掉企图叛逃的部下名单，网开一面，既往不咎，甚得收买人心。曹操割发代首，刘备佯摔阿斗，亦是异曲同工。大将吴起亲自为士兵吮吸疮毒，则是最为丰厚的奖赏和极端沉重的激励。

现代商业组织中，"胡萝卜加大棒"的激励手段依然奏效。原通用电气CEO韦尔奇、海航集团董事长陈锋等皆是喜好使用现金奖励。很多人一边自己挣大钱，一边对下属说，钱不是最重要的。韦尔奇直白言道，钱就是最重要的，尤其是在你没钱的时候。韦尔奇在善用重奖的同时，也毫不吝啬地使用惩戒与整肃。一旦公司战略目标确立，任何人，无论私交和能力如何，不执行路线，坚决铲除。如果是外部原因导致业绩不佳，给予一定机会，到期再达不到目标就必须走人。

乔布斯几乎就没看得上或者表扬过什么人和事儿，张口"笨蛋"，闭口"垃圾"。你永远处在恐惧之中，要随时保持机警。曾经与其一起工作的同事，虽亲受其辱，却不得不承认，自己在乔布斯帐下的表现与业绩强于在任何其他地方和时期。

原英特尔CEO格鲁夫，以其"只有偏执狂才能生存"的信条著称。下属汇报工作，如果讲述不清或者准备不足，会被立刻打断，换下一个。某次开会，格鲁夫说亚洲的业务问题很多，需要采取措施。半个小时之后，格鲁夫盯着亚洲业务主管说："为什么你还坐在这里？"该主管知趣儿地立刻起身去机场，搭乘最早一班飞机飞往中国。无声的鞭策无处不在。

管理的幻觉
沉醉于臆想中的现实

公开程度：前台表演 vs 背后操纵

领导力的另外一重张力，体现在对公开透明、公正无私、平等正义的尊崇以及背后斡旋、私下交易、暗箱操作的权衡。在现代社会，公然违反公开公正和平等正义的空间貌似会越来越小。领导者必须在原则上努力营造公正无私的氛围，构建公开透明的程序，这既是形象意义上的需求，也是领导力实际展现和实施所依赖的合法性基础。

然而，出于各种与领导者个人和组织相关的因素，领导者不可能做到完全公开和透明，信息不能完全公开，程序无法真正透明。这是客观的现实。在某些情况下，这些客观理由可以成为领导者谋求自己私欲的挡箭牌。在很多情况下，即使领导者没有任何私欲，出于机要保密和组织安全的需要，完全彻底的公开依然不甚可能。当然，即使公开透明与日俱增，也并不一定意味着背后操纵的手段、方式、范围以及可能性就会必然随之递减。

事实上，前台的表演，通常是台下排练和预演之后的结晶。领导者之所以能够上位，上位后之所以能够有所作为，在很大程度上取决于事前在台下的斡旋与操作。有时公开，有时秘密，有时公开地秘密。领导力的内核是权力。权力需要不断地交易、分享和重组。这注定要涉及核心团队的构建和政治联盟的聚散。

一个好汉三个帮。打仗亲兄弟，上阵父子兵。人之常情，只要做得不太过分，谁都可以理解和接受。过于拉帮结派、排斥异己，习惯性地撒谎或者背信弃义，都会削弱领导者的合法性和权力基础。能够得到多个政治联盟支持或容忍的领导者，往往具有较强的领导力。美国国会两党之间在台面上争来斗去是家常便饭，但双方政客背后的交易和神秘的握手则是领导力真正践行的场合与契机。

破坏力度：颠覆破坏 vs 创新构建

领导者的使命，在于指出方向，引领追随者创建某种未来，而非按部就班地静态循环。创建未来，必然意味着对过去和现有的某些传统与状态进行颠覆与破坏。大家在评价所谓好的领导者的时候，通常会对那些令人赏心悦目的领导者特点发出由衷的赞叹和称许，比如，对下属耐心培养、极端呵护，鼓励参与、积极授权，平易近人，营造宽松的企业文化和组织氛围。

我们往往一厢情愿地认为好的领导不应该傲慢、耍脾气、摆架子，不应该独断专行。虽然这种愿望可以理解，但最终不切实际。回到我们初始的维度，领导者往往都是超级自恋的——强势自信、唯我独尊、大权在握、威震乾坤，都有些"粪土当年万户侯"的霸气和"有一日得遂我凌云志，我定要斩尽奸邪振朝纲"的使命感。这就必然注定了他们在富于创建性的同时极具破坏性和杀伤力。

这种破坏性，通常意味着为所欲为，以自己的意愿为法令，不尊重法规和流程，随意羞辱他人，怒斥下属，以至于诉诸谎言、欺诈、恐吓等手段。在企业管理中，这种破坏性和颠覆性，如果主要被用于改变市场的颠覆性创新，则可能功勋卓著。

比如，乔布斯便是目无一切的颠覆者和破坏者。一句话，世界应该围着他自己转。他随意将自己的奔驰坐骑停泊在残疾人停车位，随性当场解雇员工，毫不掩饰地将自己列为一百多项苹果专利的共同发明者，嘲笑同行的产品没有品位。但他同时具有敏锐的市场洞察力、超强卓越的产品设计感觉，能够用颠覆性的手段去逼迫诱导其追随者，使得苹果公司在产品

管理的幻觉
沉醉于臆想中的现实

打造和生态系统构建方面屡创辉煌。

然而,如果这种破坏力无限蔓延于组织内部,则可能会使得整个组织经常性地处于恐惧和惊悚之中。可能持续超水平发挥,也可能猝死坍塌。后者的可能性,在乔布斯身上没有来得及被检验。

萧伯纳曾言,每一个英雄最后都会变得令人生厌。也许,领导力也有春夏秋冬。

(本文编辑修订版曾以"领导力的内在张力与矛盾性"为题发表于《北大商业评论》2015 年第 2 期。)

孔雀开屏看背面

现如今，研究领导力的学者，绝大多数是以积极向上、阳光健康的心态来看待领导力的。与领导力相关的辞藻名状，多是华美瑰丽、正气轩昂。然而，当大多数人都在为孔雀开屏之美艳风光啧啧赞叹之际，总是有一些好奇心极强的人，要跑到孔雀的身后看一看美艳开屏的背面到底掩盖了些什么。于是，文献中偶尔也会恣肆出一些不那么和谐的声音，比如，最近大家日渐关注的领导者自恋情结和CEO们给自己开出的天价报酬。

当人们对领导力的企盼被各色浪漫派说辞不断吊高之际，也许我们不应该忘记，从《史记》到《资治通鉴》，中国历史上关于明君和仁君的记载与传说似乎并不多于暴君和昏君。同样，从阿考斯与朗契尼克的《病夫治国》到噶迷的《一等疯癫》，西方学者更是大不敬，公然直捣领导力的龌龊之源：那些在历史动荡之际影响人类进程的领袖们，往往属于精神失常一族，不是病人，便是疯子。按照这种思路，领导力和"有病"甚有不解之缘。即使是所谓的明君、仁君，那些建大功立大业者，也可能是病人。再好的病人，也是病人。

如果只允许选一个关键词来概括领导力的实质精髓，那个词大概应该是"感染"。无论是精神上的、物质上的，还是行为上的，感染，既可以催人蓬勃向上，也可以使人病入膏肓。从传播学的视角来看，"感染"不过是主体（感染源）和客体（被感染者）在一定的情境（时空组合）下通过某种渠道和机制（感染方式）发生关系的过程。领导力的发生和展

管理的幻觉
沉醉于臆想中的现实

现,正是领导者在某种特定情境(比如危机和灾难)下通过某种方式(比如暗中操纵和公开鼓动)从而感染下属并影响其行为的过程。

无独有偶,传染病,作为一种传播性的疾病,遵循的大抵也是同样的过程:由病原体携带者通过空气或者直接接触等方式,在某些特定温度和湿度的环境中,对被感染者进行传播和感染(见表1)。

表1 作为感染过程的领导力与传染病

感染类别 \ 感染要素	主体	客体	机制	情景
一般感染过程	感染源	被感染者	感染方式	特定情境背景
传染病传播过程	病原体携带者	被传染者	传染方式	环境状况特点
领导力发生过程	领导者	被领导者	领导方式	外部环境 组织特点
	自恋情结 精神变态	健康程度 免疫力	煽动 操纵	环境动荡程度 组织制度特点

领导者:超常人 vs 病人?

下面,我们进一步比较上述两种过程的主体,看看领导者在多大程度上是病人或者与病人类似。1976年11月,当吉米·卡特以51%(民选票)的优势击败杰拉尔德·福特而当选美国总统后,美国媒体对卡特并不十分友善,普遍认为美国人选了一个平庸的总统。某位参议院则力挺卡特,其说辞简单直白:大多数美国人是平庸的,一个平庸的总统更适合代表其平庸的民众。事后来看,大家对卡特任期的成就似乎也没有什么较高的评价。说其平庸,当不为过。人们津津乐道的,更多的是他退休之后如何喜欢在佐治亚州老家当庄园主和木匠或者在全球各地倡导慈善。这倒是非常接近民众。

问题是，美国人真的需要一个跟他们一样"平庸"的"正常人"当总统吗？卡特对1979年11月发生的伊朗人质事件（66位美国外交官和公民被伊朗激进学生质押长达444天之久）的应对，无疑是其最大的决策败笔。卡特离任时，其支持率是34%，在二战后所有的美国总统中倒数第二，仅仅高于被迫中途离任的尼克松。

什么样的总统才不那么平庸呢？尼克松积极推动中美建交，改变全球政治格局。里根的"星球大战"和"高边疆计划"，帮助美国拖垮苏联经济，导致其内部解体，从而结束冷战。布什父子的两次海湾战争，在一定程度上维护了美国在中东的利益，当然也包括美国相关企业和个人的利益。克林顿主政8年，造就了历史上美国在和平年代最长的经济增长时期。然而，从尼克松的"水门事件"、里根的"伊朗门"，到克林顿的"拉链门"，从老布什的"不再增税"到小布什的"大规模杀伤性武器"，我们看到的世界级领袖，接二连三地（或直接或间接地）诉诸谎言及不法密谋。他们远非圣贤模范，亦非平庸常人，而是顽强执着地要实现某种使命的人。

民众又是如何对待他们的呢？克林顿离任之际，他的支持率达到66%，在二战后的所有美国总统中首屈一指。美国ABC广播新闻网的民意调查显示了这样的评价：你无法信任他——他在伦理道德方面薄弱不堪——但同时他工作干得是相当棒！

可以想见，领导者往往是组织中的佼佼者，勇气非凡，才智出众，在资质上和能力上通常有别于所谓的普通人、正常人、平庸的人。说领导者"不是一般人"或者"并非常人可比"也许大家可以接受。

是不是"不一般""不正常"（或曰出众）就意味着有病呢？这可能更多的是定义问题。大家在看体检报告的时候都知道，大多数健康指标（比如血糖）都有一个正常值区间，超出了这个区间，无论是过低还是过

管理的幻觉
沉醉于臆想中的现实

高,都属于不正常。如果严重偏离正常区域,则进入"疾病"状态。如果一组相关的指标全部超出正常范围,则可以肯定是病态。

同样,在社会科学领域(比如心理学和心理分析学),极端的自恋和过度的利他主义都可能被认作是精神疾病的表象,因为正常人无论自恋还是利他,通常是在常态范围之内。依据这种思路进行定义,只要严重偏离常态,就是病态。比如,恋爱中的情侣可以被理解为是处于一种痴狂的病态。

在疾病状态下,当事人可能在某些方面反应极为敏感、表现异常卓越,而在其他方面则反应非常迟钝、行为困窘不堪。如果反应敏感并表现卓越的这些领域恰恰是领导力所必需的特质要素,那么这时当事人的某些超常特质(亦即病态)就会被大家视为无可替代的优点和专长,甚至被追捧为不世出的天才。

比如,某种生理或精神上的超常指标可以导致某些人极端地自信果敢和坚定执着,并使得他们认知清晰而富于远见。此类病态,对于渴望成为领导者的人们可谓得天独厚的优势,可以使之脱颖而出,振臂一呼,应者云集。

以此推之,其实,在任何领域内,非常出色出众,都可能是一种病态。龚自珍的《病梅馆记》中描述的是以梅花的扭曲病态之美。法国美食中的鹅肝是要通过对鹅的强喂而使其在短期内人为增肥。芭蕾舞演员灵动的双脚、杂技演员柔韧的身体、职业模特修长的身材,其实也是病态,异乎常人。

如此,正常人是当不了领导的,只能被领导或者担任高级行政职位,循规蹈矩,辅佐执行。

作为感染源的领导者

在西方管理学和心理学文献中,说到领导力的"阴暗面",最常提及的是自恋情结。自恋者天然地认为自己是正确的、优秀的、超常的,他们自以为是,傲慢不羁,率性妄为,唯我独尊。他们认为自己的所作所为对于别人简直就是福音和拯救。别人能与之打交道本身就是荣誉和奖赏。他们渴望和追求别人的崇拜和敬畏。

甲骨文公司老板拉里·埃里森恃才傲物、不可一世。有本关于他的书以此命名:《埃里森和上帝的区别在哪里?》区别就在于,上帝不认为自己是埃里森。

自恋情结的一个核心维度便是对所谓"移情"(Empathy)的矛盾心态。移情,或曰换位思考的同理心,指的是能够从对方的角度看问题,并理解和同情对方的立场和境遇。而自恋者通常不屑于花工夫理解或者根本不在乎别人的想法和作为,立身行事只是从自己的角度和感受出发。

然而,为了达到自己的目的,他们又通常会表现得貌似善解人意、充满魅力和激情,至少在短期内如此。总的来说,自恋,符合传染源的要求。不为别的,只为感染别人并使之痴迷于自恋者的言行举止。

广义而言,比自恋更复杂的领导力阴暗面可以被称为精神错乱或人格分裂。通常的表述是心理变态(Psychopathy)、精神疾病(Mental Illness)甚至痴狂疯癫(Mania)。后来成为著名领袖的圣雄甘地和马丁·路德·金,在少年时代,均有企图自杀的经历。

具体而言,在出色的领导者和创造力超强的人群中,有一类属于双极错乱(Bipolar Disorder)的精神病患者,他们的情绪可以在极度亢奋和无限抑郁之间瞬时摇摆。这就是所谓的狂躁抑郁性精神病,亦称躁郁症。按

管理的幻觉
沉醉于臆想中的现实

照噶密在《一等疯癫》中的说法，抑郁的人之所以抑郁，不是因为他们扭曲现实，而是他们比常人更加清醒冷静、准确真实地看待现实。

他们的创造力，并不只是在于发现不同寻常的解决方案，更在于发现别人不太在意的问题，从而对问题进行放大和包装，再通过各种手段将问题和解决方案一股脑儿地兜售或强加给他们需要影响的群体。比如，乔布斯曾经傲慢地声称，消费者根本不知道他们想要什么，直到你把疯狂伟大的产品摆在他们面前。疯癫是天才的天然催化剂而不是令人烦恼的副产品。

总之，处于精神病态的领导者，往往目标清晰、坚韧执着。此类领导者，类似病毒，可谓强烈的感染源，极富感染力。他们专注于那些他们所信奉的事物，不在乎那些他们认为无关的人和事或者别人如何看待他们的作为，超越世俗对羞耻和良心的框定。他们激情躁动、充满自信、无所畏惧、无所顾忌、能量超强、气场强大，坚定不移地向自己的既定目标迈进，追求欲望的尽快满足。

这种专注和能量自然地会感染组织中的其他人员。传媒大亨默多克曾言："保持安全的唯一办法，就是永远不要觉得安全。"同样，英特尔原CEO安迪·格鲁夫则声称："只有偏执狂才能生存。"德鲁克说得亦是赤裸直白："我发现，任何事情的成功，总是由一个深具使命感的疯子促成的。"

作为客体的追随者

像任何感染过程一样，领导力注定是主客体互动的过程，领导者和下属互相影响。领导者不仅强力影响下属的行为，同时其行事风格和对待下属的态度与方式也会多多少少受到下属反馈的影响和制约。领导与下属的交换关系，乃是领导力文献中长期占据重要篇幅的话题。可以想见，在领导者和下属的智商、情商、能力、资历甚至病态程度都比较相像的情况下，领导力主要是一个大家互相协作和商讨的过程，亦即互为主客体从而互相感染激发的过程。

然而，这种领导者与被领导者旗鼓相当的组织毕竟较为罕见，比如，志同道合、轮流坐庄的同仁组织，基本上是自组织形式。在通常情况下，主客体之间会存在较大的能力差异和能量差异。因此，领导力也往往是较为单向作用的，尤其是当领导者具有严重的精神疾病的时候。

此时的领导力，主要体现在领导者对下属的影响。而下属的反应则可能是狂热追随、被动接受、无奈容忍、无动于衷，抑或阳奉阴违。下属的反应取决于他们自身的健康程度（或病态程度）与免疫力。比如，太平天国运动，对普通农民来说肯定比那些十年寒窗、立志功名的读书人要有吸引力。洪秀全本人科举屡试不第，在读书人面前没有多少说服力和感染力。无知的农民，则显然更容易相信洪秀全是耶稣的二弟。

有些时候，领导者越是变态有病，追随者可能越是觉得他们特立独行、卓尔不群，从而越是痴迷和向往，并且要努力表现，从而争取能够配得上与这些病态自恋的天才为伍。从这个角度来看，对病态领导的狂热追随者，其实也是病人，有些受虐狂的意思。比如，乔布斯在苹果公司可以随时随地羞辱或者解雇员工，但很多人坚持认为在乔布斯手下最能出成绩，而且事实可能也确实如此。

以此观之，所谓的领导力，不过是自恋狂与受虐狂的疯狂互动。也就是说，领导者通过超强的个人魅力和巨大的煽动能力将自己的自恋外化为华丽宏阔的愿景、氛围和气场，使得受虐狂得以在这刻意营造的氛围中投射自己的追求和梦想。

人们常说，时尚是骗子和傻子的游戏。同样，领导力也可以说是病人与傻子的游戏，或者说是一种病人与另外一种病人的游戏。正常人只是围

管理的幻觉
沉醉于臆想中的现实

观而已。然而，在一个组织中，如果挑事儿的和跟事儿的都是病人，正常人便显得落寞无聊，反倒成了那些病人眼中的病人。

领导力的发生机制

正像病原体可以通过空气和直接接触等方式从感染源向被感染者传播，领导力的发生有赖于领导者对下属的煽动和操纵。首先，领导者需要提出能够引起大家共鸣的目标，并由清楚响亮和明白易懂的口号将之表述传播。其次，领导者需要鼓动下属行动起来，使之有使命感、参与感、归属感，大家共同造就一场轰轰烈烈的运动。显然，煽动下属需要各种技巧，需要针对下属的痛点和软肋进行操纵。

太平天国领袖洪秀全，自称天王，要替天行道。以《天朝田亩制度》为纲领，"有田同耕，有饭同食，有衣同穿，有钱同使，无处不均匀，无人不饱暖"的曼妙口号，无疑击中了饱受欺凌和困扰的平民百姓的心田，使之亢奋勇猛。而天王本人则是生活奢靡，虚伪狡诈。一众追随者与天王一起开展了中国历史上破坏性最大的群体运动之一。

领导者要从务实和务虚两个方面同时打动下属，使之在卖命执行的同时感到有意义。具体方式方法多种多样，灌输、激发、利诱、威慑以及强加。动人的演讲、宏伟的远景、壮阔的场景、赤裸的激励，直接地羞辱后进，坚决地铲除异己，都会增进下属对领导者的敬畏和信服。

所谓的"马基雅维利主义"，正是领导力阴暗面的又一主要维度：为了达到目的，可以不择手段。从曹操的"望梅止渴"到小布什的"大规模杀伤性武器"，领导者不惜操纵事实甚至捏造事实来影响下属，实施那些自己认为必要的行动。可以是善意的谎言和糊弄，也可以是肆意的借口或欺诈，完全在于领导者的使用方便。诸如此类的"不按常理出牌"的举措，又往往以富有想象力和创造力之名流传于坊间，成为轶事佳话、历史掌故，为这些领导者的领导力蒙上一层神秘的面纱。

领导力的情境背景

毫无疑问，领导力是一种情景艺术。同样的领导和下属，换一个环境和场景，可能效果完全不同。常言道，乱世出英雄。当社会处于巨大动荡（比如战争和自然灾害）之际，或者一个组织面临重大威胁或灾难（比如即将破产）的时候，正是展现领导力的大好时机。这时的社会和组织，需要英勇无畏、果敢善断的领袖来凝聚大家的精神、集合大家的能量，去面对大家共同的问题。那些挺身而出或者应运而生的领导者，不一定才智和能力本身高于其他潜在的领导者，但他们敢为天下先的气魄，足够使他们具有即时的权威与合法性。

霎时间，自恋自负和自以为是，这些在正常境况和尺度下可能被认为是重大性格缺陷的特点，已不再是缺点病态，而是英雄的催化剂、领袖的强心针。很有想法、极度自信、相当强势、非常果敢，自恋者所拥有的很多品性正是领导者所必备的特质，能够帮助他们力挽狂澜、扭转乾坤。

鸦片战争的失败、连年的自然灾害，以及清廷的腐败等，为太平天国运动的兴起提供了温床，使得"上帝的儿子"洪秀全得以建国称王。这些领导者在建功立业的同时也极具杀伤力和破坏性。大开大合，大起大落。他们往往拒绝挑战，扼杀批评，朝令夕改，践踏规程，无视他人，恐吓贬损，威逼利诱，欺诈操纵。这种杀伤性，最终导致了领导者的失败。太平天国运动在经历了迅猛发展之后，血腥的内讧无疑加速了其败亡之进程。

管理的幻觉
沉醉于臆想中的现实

此类领导力的出现，其实是用一种疾病替代另外一种疾病。通常情况下，当环境由动荡转向平稳之际，乱世英雄则可能显得手足无措、无所适从。原先的追随者可能会有新的期盼和诉求。英国首相丘吉尔，这位二战中率领英国坚强抵御法西斯的民族英雄，战后却被民众无情地抛弃。打仗和恢复经济是两回事儿，需要不同的病人出场。

在企业管理领域，在某些传奇企业家的身上，自恋情结和精神变态的特质更是展现得淋漓尽致。而由此带来的清晰思路和激情专注使得他们在变化多端的市场中远见前瞻、行动超前。如果外部环境和潮流恰巧给力的话，这些人往往能够勇创佳绩、神话频传。乔布斯重掌苹果公司之后，以"云系统加移动智能装置"为蓝本构建的新商业模式，使得苹果能够在移动互联网时代引领风骚，风光无限。

当他们的判断与外部趋势南辕北辙的时候，业绩会滑坡，原先被大家接受的言行举止也会遭到众人的质疑，原来被大家奉为优点的品质，很可能成为负面的包袱。还有，在外部环境相对稳定的时期或者企业经营处于常态运行之际，自恋者身上这些极端的特点便会显得令人难以容忍。没河他们也要搭桥，没事儿他们也要折腾。关键不在于旁人和世界究竟怎样，而是他们个人极为在意自己的抱负和激情。

除了外部环境的特点，组织内部的情景特点，尤其是其制度特点，也会决定什么样的人成为领导者，会影响领导力的作用方式和实际效果。比如，在学术界，如果学术研究结果的发表需要"双盲"评审（作者和审阅者都是相互匿名），那么评审的结果就会比实名评选要公正合理。如果论文的质量主要靠他人引用次数来评判，那么结果可能就相对更加客观真实。有了这两种制度设计的保证，学术上极端不靠谱的病人成为学术明星和学科带头人的可能性就相对较小。各类业余科学家和妄想狂在这个社区是站不住脚的，遑论领袖地位。

相反，如果一个组织或社区没有客观公正或者公开透明的仪式程序，病人当政的可能性就会增加。人们常说，好的制度可以监督和制约坏人。坏的制度可以使好人变坏。其实不无道理。

领导力的悖论：病否？

世事充满悖论。在某种意义说，如果出色的、成功的（或者至少是合格的）领导者都或多或少地是精神变态的病人的话，那么也许病态即是常态。一般情况下，我们可以做出如下推测：

首先，正常人很难或者几乎不可能进入领导者岗位。他们没病，或者过于正常，因而没有从业资质。

其次，即使偶尔侥幸上位，正常人难以长期生存。因为在病人是常态的地方，正常人才是真正的病人。

最后，如果正常人进入领导者岗位而且生存了下来，那么他（她）大概已经成功地成了病人，而且还可能病得不轻。

如何给领导力把脉治病？可以治理感染源，尽量选择病得较轻的人当领导。可以提升下属素质和判断能力，增强免疫力。可以完善制度设计，尽量避免病态风气和氛围，阻抑病夫上位，限制不正当的领导方式和手段的应用，力求公开透明、程序公正。

然而，制度永远不会完善，危机注定不断出现，芸芸众生注定渴望英雄，希望轰轰烈烈。因此，领导力不可能完全没病。更何况，常规的组织运行需要的是行政管理的精细，而领导力的神奇，则主要在于应急求变。

领导者通常不是被选出来的，他们是自己杀出来的。病人不知道自己是病人。话又说回来了，如果领导者的病治好了，领导力还在吗？

管理的幻觉
沉醉于臆想中的现实

也许,从领导者是否有病的角度来看领导力,本身也是一种病态。以积极入世的态度来看,领导力就是日常发生的现象。鲜活。正常。看,领导力风光正好!

(本文编辑修订版曾以"翻开扑克牌,看'王'的 B 面"为题发表于《中欧商业评论》2015 年第 6 期。)

理性奈何情感

理性和情感是人们应对问题的两种迥然不同的方式。情感主要是基于主观感受的情绪外露，直观可鉴。理性则主要在于全面系统的客观分析，需要严谨细致的逻辑推理。大家通常喜欢把理性和情感对立，将之放在同一个谱系的两极。也就是说，注重情感，就会缺乏理性或者扭曲理性；而注重理性则会尽力克制情感，免受其侵扰。也许，情感和理性是两种不同的维度，首先各自独立存在，然后产生相互作用和影响。理性和情感的同时高度发达，乃是一种难得的组合。

情感理性皆有理：理性并非完全排斥情感或者注定受情感侵扰。情感本身也不一定缺乏理性或者没有道理。这两种应对事物的方法，都有各自适用的范畴与合理性。也许我们无须偏执地以一方为标准褒贬另一方。而且，二者都不必无处不在。

隐忍或成就功名：成大事者往往善于隐忍。隐忍，是一种高度的自律，往往是高度情感和高度理性的浓缩组合。能够隐忍，不是不在乎情感，而是恰恰在于能够更好地控制自己的强烈情感，不为一时的情感宣泄而牺牲长期的利益。

徜徉于有限理性：人处理信息的能力是有限的，因此人的理性是有限的，再高明的管理决策者也不例外。承认有限理性，则是突破偏执的理性崇拜和虚妄的理性幻觉的第一步。在有限理性的基础上，改进自己，应对他人。

情感理性皆有理

大家通常喜欢将理性（Rationality）和情感（Emotion）对立，而且往往会说，一个人如果以理性见长，将会如何；一个人如果以情感为重，又会怎样。

其实，与理性相对应的大概主要应该是不理性（Irrational），或者反理性（Anti-rational）。理性和情感完全是两个不同维度的概念和现象，而不是一个谱系上的两个极端点。

理性范畴之外的东西，或者无须诉诸理性的事物，可以将其广义地称为是"非理性"的（Non-rational）。这里的"非"，并不是不理性或者反理性，而是"并非与之在实质上相关的"，或曰并不直接涉及理性的。比如，拍脑袋即非理性的，仅靠直觉，但专家依据经验拍脑袋又可能合乎理性。

同样，情感本身，也是属于非理性的范畴。情感的展现，既可以合乎理性，也可以完全没有理性。总之，理性和情感是人们应对世事的两种不同机制，各自有不同的用场。

确实，某些人长于理性，某些人重于情感。但我们必须意识到，某些人在情感和理性方面都高于常人，而有些人则既是非常缺乏理性，又是极端疏于情感。可见，人们并不总是"要么理性见长，要么情感为重"。

情感与理性之间，存在多种组合的可能性。我们这里强调的，是二者在本质上的独立性和差异性。

管理的幻觉
沉醉于臆想中的现实

在承认这种界定之后，我们可以重新审视二者的关系，尤其是他们的互相影响以及交互作用。

理性可以操纵情感

在某种程度上，理性可以操纵情感。智商高的人不一定情商高。但智商高的人，可以在某些具体的情境范围和任务空间，刻意地展示某种情感表现，从而获得他人在情感方面的认同、赞赏与良好回报。从这个角度看，情感是可以在某种程度上被理性操控的。

然而，在重复性发生的交往过程中，过分地利用理性操纵情感，也会导致自己露馅儿，迟早遭到别人的发现和揭穿。

我们日常生活中，经常会看到在情感领域出没着大批伪装比较巧妙（相对理性较强）的骗子。如果大家都觉得应该用情感对情感，而且在某个特定时期确实是相互真实地用情感对情感，那也就无所谓骗与不骗。都是骗子，也都被骗。你傻我傻，全都自愿。每个人都应该为自己的情感负责。

然而，事与愿违。情感和理性难以完全分开。自己的情感很容易被他人的理性预设所操纵，尤其是当不同人的"有限理性之有限程度"相差极大的时候。就像大家经常会说或者经常听到的："真没想到，原来你是个大骗子！"一个人感觉受骗，通常不是用情太重，而是智商太低，理性比别人更加有限。

如果双方都是智商超高、理性极强，比如，美国著名的政治夫妻克林顿和希拉里的相互理解、欣赏与支持，那么情感交往也注定是理性盘算后的自愿就范，无论是真诚投入还是互相利用。

仔细想一想，如果双方能够互相利用一辈子，那是真感情。同样，一个人如果一辈子装好人，那是真好人。

情感理性皆有理

情感可以影响理性

情感可以影响理性。首先，在特定时间内，情感可以映射理性，或者假冒理性。一个情商很高的人，或者情感需求旺盛的人，可以故意选择某种场合与契机，通过某种预设的言行，去凸显自己的智力优越、理性高超。也就是说，在比较从容的状态下，恰如其分的情感表露和应用，不仅能够诱发别人的好感，而且会增进别人对其综合素质（包括智商或者聪明程度）的总体判断。

其次，在通常情况下，情感会影响一个人的理性判断，降低其判断的精准性。此时，正是这种情感对理性产生负面影响的情形，才使得大家倾向于把情感和理性对立起来。比如，情感导致的压力和紧张，可以降低人的理性意识和判断能力，使之变得不理性或者反理性，抑或完全丧失理性。

如此说来，将情感和理性对立，有时也并非毫无道理。也就是说，当人们的情感在其行为和判断上占据主导地位之际，无论是非常愉悦、极度悲伤，还是万般恐惧或无限焦虑，人们都可能会松懈理性的监管和约束，或者分析能力短路乱码，使自己本来已经非常有限的理性变得更加有限。

理性被情感俘虏，可谓比比皆是、屡见不鲜。妲己迷纣王，吕布戏貂蝉，吴三桂冲冠一怒为红颜。英雄难过美人关。

情感也是一种满足自身利益的合法手段

说得直白一点，臆想理性主宰一切，这也是一种偏执和强加。理性之说，假设人是追求自身利益最大化的。人的利益和欲望本身也是多元的，

管理的幻觉
沉醉于臆想中的现实

而不是单一的。有些需要理性的判断去力求满足，有些则可以通过情感方面的体验和感受直接得到满足。如此，很多情况下，没有任何理性的情感，也是符合自身利益的。

人最终是要满足自己，而不是要合乎理性的要求。满足自己，既可以通过理性行为，也可以直接诉诸情感。只能说，过于依赖情感，可能会影响理性判断，从而导致某些方面的利益得不到满足，或者只在短期得到满足而不能持久得到满足，或者会导致损失和惩罚等负面效应，甚至灭顶之灾。

比如，心理学中常被举例引用的一个不理性的例子是人饿的时候去超市买东西容易多买，买那些自己不需要或者吃不完的东西，造成浪费。换一个角度思考，人买东西在很多情况下是为了满足某种情感需求。情感需求本身就是一种奢侈和浪费。

就像大家经常说的，用你手上仅有的钱，是买面包还是买玫瑰花，这是一个仅靠理性本身很难解决的问题。什么事儿都非要用理性的角度去做终极的算计，你可能会发疯的。

（2016年1月2日）

隐忍或成就功名

成大事者，必能隐忍。隐忍，可以说是一种难得的精神、修养、品质、操行。它的实质涵盖着抱负、自律、耐心、坚持。企业家之大成者，一如帝王将相、高官政客，必过这隐忍之关，至少是在出道早期、成事之前。

太史公曰："怨毒之于人甚矣哉！王者尚不能行之于臣下，况同列乎！向令伍子胥从奢俱死，何异蝼蚁。弃小义，雪大耻，名垂于后世。悲夫！方子胥窘于江上，道乞食，志岂尝须臾忘郢邪？故隐忍就功名，非烈丈夫孰能致此哉？"（《史记·伍子胥列传》）

公元前楚国，权臣费无忌设计离间楚平王，加害太子建。太博伍奢直谏，招致诛杀。费无忌担心伍奢之子伍尚和伍子胥将来复仇，乃与平王定计，假诺伍奢活命，以为人质，欲招二人归往。明知前往救父乃是飞蛾投火、以卵击石，全家灭门无疑，于是弟兄二人商议两全之策。长子伍尚不忍弃父而逃，徒然落得贪生怕死却又不能复仇的骂名和笑柄，于是陪父共赴黄泉，父尽忠，子尽孝。次子子胥则赋命逃亡，远走他乡。途中历尽艰辛，饱受折磨，衣衫褴褛，讨饭乞食。然而，隐忍背后是片刻不忘所肩负的使命，矢志不渝。子胥辗转入吴，借兵攻楚，最终为父报仇，鞭尸平王三百。

当年，杨宝森一出《文昭关》，曾使得伍子胥快意恩仇之故事家喻户晓，影响及至贩夫走卒。无独有偶，马连良的《赵氏孤儿》，说的也是屈

管理的幻觉
沉醉于臆想中的现实

辱隐忍，成就大义。草泽医人程婴舍子救孤，十余年"佯装笑脸对奸臣"，抚养赵孤成人，最终帮助赵氏家族复仇。

现如今，京剧已然式微，观者寥寥。诸多历史事件和人物也正在不由分说地被各类媒体与好事者戏说与调侃。不知道多少人还能以正色铿锵之态解读历史。而这，又让曾经忍受奇耻大辱的太史公情何以堪！细读太史公评语，追思其坎坷命运、著书立言，又怎一句隐忍了得！

以史为镜，明鉴现实。好在隐忍成就功名的事情在当代亦是不乏其例。遵义会议之前的长征路上，郁郁不得志的毛泽东，无论如何高瞻远瞩、胸怀韬略，也必须承认和尊重当下的领导体制和权威，要谨慎耐心行事，要不厌其烦地用各种方法去争取和说服众人，力求同情、理解和支持。邓小平数次失势而又重新崛起，其耐心和隐忍也是常人难以企及。叶利钦在没有获得俄国最高权力之前，对戈尔巴乔夫也不得不毕恭毕敬。

旁观者或者后来人可以大谈制度体制、普世价值、理想状态、独立人格。但实践者、历史的参与者和缔造者，必须在现有的既定约束下行事。人性只需被真正理解，现实不能被理想假设。对于一个实事求是的人而言，对待世界的态度是看它本来实际是什么样的，而不是想象中它应该是什么样的。

只要"怨毒之于人甚也"，成事儿的过程就必然严酷，隐忍乃是必需，尤其是实力不足之际。虽说历史变迁，人类进步，实则怨毒既久，严酷依旧，只是形式内容不同而已。做企业，就是跟人打交道。成事儿的崎岖路上，隐忍之功，不可或缺。

当乔布斯把在百事可乐"卖糖水"的斯卡利召唤到苹果与他一起"改变世界"的时候，他也许没有想到，日后会被这个卖糖水的扫地出局。几经周折，从头做起，从 Next 到 Pixar，再到成为迪士尼最大股东，又荣归苹果故里，辉煌再续。

隐忍或成就功名

即使对于这位狂傲不羁的特立独行者而言，没有中途的隐忍和反思、不断的追索和折腾，也许不会有后来的奇迹。没有使命感的所谓隐忍，只是逆来顺受、消极沉沦，可能最终自耗于颓废和无助。胯下受辱，为的是成功地崛起。

韦尔奇于1960年获得伊利诺伊大学化工博士之后，作为化学工程师进入通用电气在马萨诸塞州的工程塑料业务部，于此部门任职长达17年。其实，后来风光无限的韦尔奇，其通用电气之路并非一帆风顺。入职不到一年，韦尔奇就因对薪资和奖金问题不满而辞职。

就在他接受了另外一家公司的职位并准备赴任前夕，他的顶头上司独具慧眼，在由双方太太参与的晚餐会上成功地劝说韦尔奇留任通用电气，允诺创建更加广阔的平台和宽松的环境以及用更有效率的做法去应对繁文缛节。如果韦尔奇当时负气出走，通用电气的历史会被改写。抱负强烈，尚需相应的自律以及耐心的坚持。风物长宜放眼量。

受高人青睐的韦尔奇对后任亦是给予了同样的考验与期许。1994年，由于通货膨胀导致的原材料价格大幅上涨，通用电气难以按原来与通用汽车公司长期合同中指定的价格供货，要单方面涨价，通用汽车老板威胁要全面停止与通用电气的业务。最后，双方一把手电话调停，命各自手下协商解决。

此时，韦尔奇对主管塑料业务的伊梅尔特说："Jeff，我知道你现在正处在全公司最糟糕的岗位之一。我认为你很棒。我爱惜你。你会做好的。但如果你做不好，必须走人！"没找任何内外借口，伊梅尔特挺了下来。

重读太史公，不难发现，隐忍的另一面是刚烈。烈丈夫之隐忍成就功名。没有刚烈，也不会有自律和坚持。然而，一旦刚烈过度，耐心丧失，隐忍就不再是一种精神、意志和修养，只是暂且一借的行为艺术。成事儿之后，则也可能会败事儿。毕竟，世事儿是一连串的。后来子胥力谏吴王

管理的幻觉
沉醉于臆想中的现实

夫差不要被越王勾践的暂时隐忍所迷惑。然而,子胥却忘记了自己作为臣子必需的隐忍和恭敬,而终被吴王赐死。我们也不禁怀想,曾经卧薪尝胆的越王勾践在战胜吴国逼死夫差之后的决策,是否还会继续有所隐忍呢?

(本文编辑修订版曾以"隐忍成就功名"为题发表于《企业观察报》2013年11月25日。)

徜徉于有限理性

我们没有我们想象的那么聪明。我们身处的真实世界复杂多变,充满了偶然和不确定性。通常情况下,我们不可能充分获取或者迅速处理与问题相关的所有信息。因此,我们无从知晓问题的所有可能解决方案,甚至不可能明确地界定问题本身究竟是什么抑或问题的根源到底在哪里。

这种困囿于信息处理能力有限的状态被行为决策学鼻祖赫伯特·西蒙称为"有限理性",具体见诸决策过程中力所能及的"局域性搜索"以及对所谓"满意解"(Satisficing)的接受。

笔者对有限理性的说法非常认同。从很小的年岁,似乎我的所作所为就很是符合有限理性的描述,只是那时还不知道这个说法而已。如今年届半百,一路走来,更是领悟和见证了理性是有限的,世界是复杂而不确定的,决策优化通常是不可能的。

谁知道上大学要学什么?

1983年,高中毕业考大学,别人大谈什么电算、建筑、生化、医学等理想专业,我则根本不知道想学什么,今后的目标是什么,丝毫没有任何概念和感觉,只是相信肯定可以考上个重点大学。偶然的原因,进入北京工业学院(现北京理工大学)管理工程系。招生的老师说这个专业很新,很多教工子弟都选择这个专业,你又是学生干部,干脆就学管理吧!

管理的幻觉
沉醉于臆想中的现实

于是,就坡下驴学管理了,尔来三十有三年矣。再回首,往事如梦。路漫漫,岁月如歌。

初入大学,立感困惑。原来自己并不真正喜欢理工科。面对第一学期差强人意的各科考试结果,到底是努力去优化自己的成绩,还是重新审视自己的定位和未来?某日进入图书馆社科阅览室,文史哲,政经社,新闻、心理,文艺、小说,突然结结实实地感到,这才是应该每天看的东西。偶尔看见英文版《中国日报》(*China Daily*),居然能够看懂一些内容,于是在大一的下半年就自己订了半年,每天阅读。

后来又发现图书馆有百十本英文原版的美国管理学教材和专著,简直如同发现金矿,一本一本地借阅捧读。作为数十本原版书的第一位读者,把自己的名字骄傲地签到书内封底上粘贴的崭新的借阅登记卡上,自我感觉相当良好。这一切,没有任何规划,皆是偶然遭遇、顺势而为。

科学规划不能保证吃上排骨

真正让我与管理科学分道扬镳的,倒不是我认为科学的东西没道理,而是它通常用不上,需要满足的假设条件太多。你如果有足够的时间和金钱专门只做一件事儿,优化大概是可能的。在现实生活中,不要说更为复杂的事情,就单说午餐能在食堂吃上一顿排骨,就难以优化。

那时食堂没有固定菜谱,你不可能预知那天中午有没有排骨。你稍晚一步,即使今天有排骨,也卖完了,轮不到你。哪天你快要排到了,突然来了个恶霸加塞儿,你敢怒不敢言,空手而归,白排了半天。你可能刻意示好去接触某个大师傅,从而获得内部信息。于是,你逃了上午的最后一节课专门去吃排骨。好恼!你沮丧地发现自行车胎被人扎了,得去修车。或者,你正兴高采烈地奔向食堂,路上正好碰见你班主任,你要么假装捂肚子去校医院，要么编造别的什么借口，三招架两耽误，你的排骨又黄了。你必须安慰自己，能吃上韭菜饺子或者甜口的红烧鲅鱼也是极好的。

得克萨斯大学碰巧要我

稀里糊涂地考了托福、GRE，1989年去了美国。当时申请了8所学校，奥斯汀得克萨斯大学是唯一录取我的。说来也很偶然，管理系要求申请材料一份寄到学校研究生院，一份直接寄到系里的博士招生委员会。管理系录取我之后，报送研究生院，请求校方和外办发正式录取通知书。此时，大家才发现，我还没有给学校交75美元的报名费！

那时大家都是穷得交不起。好在有了寄到系里的材料才得以被录取。我才意识到，其他几家学校连回信都没有，可能是不见钱眼不开。当然，我也不是完全拍脑袋凭感觉，因为我的初步考察表明，优秀的州立大学招生多，全奖名额多。8所学校基本上都是此类。

这里的情境像电影

1994年博士毕业，拿到两个聘书。最终决定去美国东部的一所独立商学院，影响决策的因素很多，有些是情感方面的，极端不理性。去面试的时候，晚上同事们请我到城里吃饭。天下着大雪，就跟黑帮题材的电影里演的一样，警察把车随意地停在我们餐馆外的马路中间，大摇大摆地踱入邓肯甜甜圈店，去弄杯咖啡出来。有感觉，有情调。跟得克萨斯完全不同。

再说，陈佐湟正在罗德岛爱乐当音乐总监。小泽征尔就在北面一个小时车程的波士顿交响乐团坐镇。开车三个小时就到纽约林肯中心的大都会

管理的幻觉
沉醉于臆想中的现实

歌剧院。这对于小有艺术情结的我来说是颇具吸引力的。当然,薪酬也得给力。

朗润园里气场不错

执教北大,其实也是机缘巧合。2002 年,我在香港科技大学进行一年的学术休假,顺便访问国内的一些著名大学。听说北大内部还有一个全海归的中国经济研究中心,他们有一个全英文的国际 MBA 项目(BiMBA),于是与之联系。当时,创业课"恰恰"缺一个老师救场。我就鬼使神差地来了。一拍即合。在美国多年的 MBA 教学经验立马派上用场!这也是原先意想不到的。

来了就一直待下来了。为什么?还是说不清楚。朗润园,这个园子确实太迷人了。皇家园林,现代气派。洗手间有座便、有手纸。大概,这就是与国际接轨吧!细节,有时是很重要的,它左右人的情感和判断。回想一下,导致我当年出国的最直接原因,也许就是我们家楼下那堆永远存在的垃圾。

(本文编辑修订版曾以"在有限理性中徜徉"为题发表于《中欧商业评论》2016 年第 2 期马浩专栏。)

后记 "管理三部曲"回望

2007年,笔者出版了评论随笔集《管理的偏见》。2012年,在该书第二版修订发行时,加了副书名"为什么聪明人故意办傻事儿?"2014年,又推出了《管理的境界》,定副书名为"人靠谱,事办成,幸福生"。如今,2016年,又匆匆推出这本《管理的幻觉》,希望能凑成一个"管理三部曲"系列。

自《管理的偏见》之写作开始,到《管理的幻觉》出版,历时整整十年。时间恰好,尽可大言不惭地声称自己的写作有规划设计与理性章法。倘使再拖些时日,生拉硬扯,拆东补西,就可能显得有些刻意牵强、厚颜无耻。其实,一切都是边走边看,边看边行;见机行事,触景生情。趁此,稍微回望一下十年来的心路历程。

可以说,贯穿"管理三部曲"的一个核心思想,就是管理实践的过程与结果充满了意外和偶然。成功和失败,都很难明明白白地掰饬清楚。因素甚众,变化多端。隔靴搔痒,偶窥真颜。另外一个共通点,就是力求采用客观原本的观察视角,去探究事情在现实中究竟是怎样的,而不是大家理想地认为应该是什么样的。

首先,《管理的偏见》呈现并批驳了众多以正见出现的偏见或者谬误。比如我们对独裁和权力的理解,往往只从价值判断的角度出发,而对其存在本身的逻辑原因缺乏冷静的理性思考。第二版中,再次强调并解读"为什么聪明人在组织中故意办傻事儿"的现象。真实世界的管理者不仅

管理的幻觉
沉醉于臆想中的现实

困囿于其有限理性和认知偏差,而且面临巨大的时间压力、成本约束、社会预期和政治隐情。

其次,《管理的境界》勾勒了管理的理想境界及其构成要素。人要通达靠谱,团队要志同道合。既要用正确的方法做正确的事情,又要心情舒畅,有幸福感。要实现组织目标,也要关照成员诉求。之所以是理想境界,昭示着基本上是可遇不可求。但这并不意味着悲观无奈。相反,这里要表达的是,我们要承认现实、接受现实,从而能够心平气和地在不完善的现实中逐渐逼近理想。

最后,《管理的幻觉》揭示了现实管理实践中各种虚惘的幻觉和臆想的浪漫。幻觉,其实也是偏见。而集体幻觉,就是集体的偏见。如果集体的偏见成为主流的正见,集体的幻觉成为公认的真实,那时,则真假难辨,知行混乱。如此,《管理的幻觉》呼应了《管理的偏见》,回访了其主题。管理者所做的很多的管理活动,其实根本无效,但至少在幻觉上可以使大家感觉安全良好。

在三部曲中,笔者也捎带着反思并评述了管理学的研究和进展。最近,一位年过八旬的资深管理学者从某个学术杂志主编的位置上退休。他评论道:在他整个职业生涯中最为感到遗憾的,是看到许多精彩的管理学研究结果不能够有效地被传输给那些需要它们的管理实践者们。试想,如果一个疾病患者发现医疗社区有知识和方法能治愈他的病痛但就是不积极主动地分享出来,他们会愤怒到发疯的!

现实中,似乎并没有类似这种患者的管理者发疯。至少有三种可能性。其一,管理学界真的没有什么妙法良方可以分享给管理者,而只能貌似关切地问诊:说说看,你觉得哪里不好?其二,管理者们真是病得不轻,已经不知道自己身在病中。不是药不能停,而是觉得根本不需要吃药。其三,偶尔也觉得可能需要寻医诊治,但确实不知道去哪儿治,碰到

后记 "管理三部曲"回望

的是妙手回春的真功神医还是能说会道的江湖骗子。

笔者有这样一种强烈的偏见和幻觉：至少，管理学研究的某些产出还是比较靠谱的。在给 EMBA 学员上课的时候，我经常如此调侃：我这里半生不熟地讲，你那里似是而非地听，回到企业里稀里糊涂地用。很可能还莫名其妙地管用！恭喜你，你的学费值了！若是哪位读者觉得"管理三部曲"或者其中任何一部些微有用，那你的书费值了！别忘了多买几本送朋友哟！

马浩谨识
于北京至郑州动卧餐车
2016 年 2 月 21 日